JAPANESE
SENTENCE PATTERNS FOR JLPT N1

TRAINING BOOK

VOL. 1

NOBORU AKUZAWA

First Published 2019 by Amazon Digital Services LLC

Copyright © Noboru Akuzawa 2019

Email: akuzawa@gmail.com

ISBN: 9781795543880

Contents

- Preface 8
- Learning Methods / how to utilize this book ... 9

あえて (aete) "deliberately" 16
あくまでも (akumade mo) "absolutely" 19
案の定 (an no jou): just as one thought 22
あらかじめ (arakajime): beforehand, in advance .. 25
ばこそ (ba koso): only because 28
場合によっては (baai ni yotte wa): depending on the situation 31
あっての (atte no): to owe everything to 34
ばそれまでだ (ba sore made da): if… then it's over 37
べからず (bekarazu): must not, should not 40
べく (beku): in order to, should 42
べくもない (beku mo nai): can't 45
びる (biru): seeming to be 48
ぶり (buri): style, manner 51
ぶる (buru): behaving like 54
だの〜だの (dano~dano): and, and so forth 60
であれ〜であれ (de are~de are): whether A or B 63
であれ / であろうと (de aru/de arou to): whoever/whatever/however 66
でも何でもない (demo nan demo nai): not in the least 69
でなくてなんだろう (denakute nan darou): must be, is definitely 72
(で)すら (de sura): even 75
ではあるまいか (dewa aru mai ka): I wonder if it's not 78
ではあるまいし (dewa aru mai shi): it's not like, it isn't as if 81

ではすまない (dewa sumanai): it doesn't end with just . . 84
どうにも～ない (dou nimo~nai): not … by any means . . 87
ふと (futo): accidentally, unexpectedly 90
がてら (gatera): on the same occasion 93
が早いか (ga hayai ka): as soon as 96
が最後 (ga saigo): once something occurs, something else happens 99
ごとき / ごとく (gotoki/gotoku): like, as if 102
ぐるみ (gurumi): together with, all of 105
羽目になる (hame ni naru): to end up with (something unpleasant) 108
ひとつ (hitotsu): to give something a try 111
ほどのことはない (hodo no koto wa nai): not worth, no need to 114
ほかに～ない (hoka ni~nai): no other 117
ほうがましだ (hou ga mashi da): I would rather 120
いかなる (ikanaru): any kind of 123
いかんでは / いかんによっては (ikan dewa/ikan ni yotte wa): depending on 126
いかんによらず (ikan ni yorazu): regardless of 129
いかにも (ikanimo): indeed, really 132
いかに (ikani): how 135
いまだに (ima da ni): still, even now 138
じみた (jimita): to look like 143
限りだ (kagiri da): I feel so 146
かいもなく (kai mo naku): even though 149
か否か (ka ina ka): whether or not 153
可能性がある (kanousei ga aru): there's a possibility . . 156
からある (kara aru): as much as, as many as . . . 159
かれ～かれ (kare~kare): or 162
かたがた (katagata): while, for the purpose of . . . 165

かたわら (katawara): while, at the same time 168
かつて (katsute): once, before 171
きっての (kitte no): the most … of all 174
嫌いがある (kirai ga aru): to have a tendency to . . .176
きりがない (kiri ga nai): there's no end to 179
極まる / 極まりない (kiwamaru/kiwamarinai): extremely 182
ことだし (koto dashi): because, since 188
ことごとく (koto gotoku): altogether, entirely . . . 191
ことなしに (koto nashi ni): without doing something 194
ことのないよう (koto no nai you): so as not to 197
こととて (kototote): because, since 200
くらいなら (kurai nara): rather than 203
くらいのものだ (kurai no mono da): only 206
までだ (made da): only 209
までもない (made mo nai): it's not necessary to . . 212
まじき (majiki): should not, must not 215
ままに (mama ni): to do as 218
まみれ (mamire): to be covered in 221
まるっきり (marukkiri): totally, completely 224
もはや (mohaya): already, no longer 227
めく (meku): to show signs of 230
も顧みず / を顧みず (mo kaerimizu/o kaerimizu): regardless of, despite 233
もしないで (mo shinaide): without even doing 236
ものを (mono o): I wish, if only 239
もので (mono de): because, for that reason 242
ものと思われる (mono to omowareru): to think, to suppose 245

ものとして (mono toshite): to assume, to suppose 248
もさることながら (mo saru koto nagara): not only…but also 251
もしくは (moshikuwa): or, otherwise 254
ながらに / ながらの (nagara ni/nagara no): while, during 257
ないではおかない / ずにはおかない (nai dewa okanai/zu niwa okanai): will definitely, cannot not 260
ないではすまない / ずにはすまない (nai dewa sumanai/zu niwa sumanai): must 263
ないまでも (nai made mo): even if something isn't done 266
ないものか (nai mono ka): can't we…?, can't I…? 269
ないものでもない (nai mono demo nai): (something) is not entirely impossible 272
ないとも限らない (nai tomo kagiranai): might 275
なくして (nakushite): without 278
何しろ (nani shiro): in any case, as you know 281
なしに (nashi ni): without 284
ならでは (nara dewa): uniquely applying to 287
ならいざしらず (nara iza shirazu): I don't know about A, but B 290
なり (nari): as soon as 293
なり〜なり (nari~nari): or 296
なりに / なりの (nari ni/nari no): in one's own way or style 299
なりとも (naritomo): even a little, at least 302
に値する (ni atai suru): to be worth, to deserve ... 305
なるべく (narubeku): as much as possible 308
にあたらない (ni ataranai): it's not worth, there's no need to 311
にあって (ni atte): at, during, in the condition of .. 314
にひきかえ (ni hikikae): in contrast to ....

に至るまで (ni itaru made): until, as far as 320
に至っては (ni itatte wa): as for, when it comes to.. . 323
に言わせれば (ni iwasereba): if you ask, if one may say
. . . . 326
にかかっている (ni kakatte iru): to depend on 329
にかたくない (ni katakunai): it's not hard to 332
にまつわる (ni matsuwaru): to be related to 335
にもほどがある (nimo hodo ga aru): to have a limit,
 to go too far 338

■ A simple way to build vocabulary in a foreign language through the Read-Aloud Method
. . . . 341
■ Japanese Lessons on line 349
■ Send Us Your Feedback 350

■ Preface

Learning a language is a long journey. Are you heading ahead on the right path? If you take the wrong way, you will not achieve your goal and your time and effort spent on will be in vain.

In myself, I had a hard time to communicate in a foreign language at the beginning. I felt frustrated and helpless.

However, I finally discovered a quite effective learning approach. Thanks to making efforts through this approach, now I can write, listen, speak, and enjoy communication in a foreign language.

By my experience of practicing this approach for more than ten years, I am convinced that this is one of the most effective learning approaches for any language learners. I share my learning methods with you as much as I can.

One of the most important methods I will share is Sentence Pattern Method (SPM). Sentence Pattern Method is the sentence template that contains constants and variables. This is similar to the mathematical formula.

Also, I will tell you how to utilize "Read-aloud Method" to print sentence patterns in your memory and to open the door to boost your Japanese communications skills.

■ Learning Methods / how to utilize this book

I have 2 learning methods which I recommend to you.

① Sentence Pattern Method (to install grammar rules in your brain)

② Read-aloud Method (to strengthen your memory)

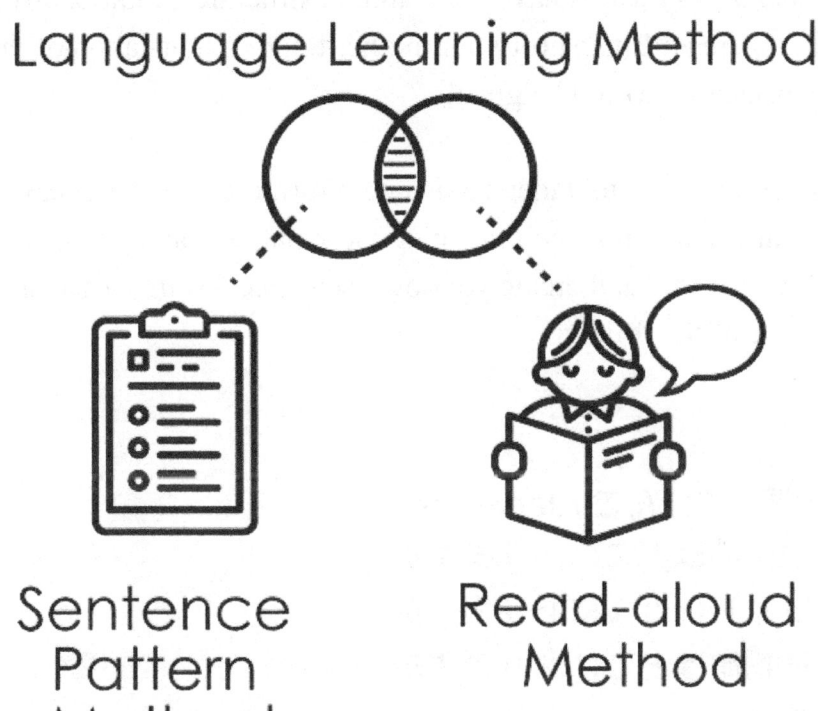

1. Sentence Pattern Method

If you have Genki or any textbook, you will eventually come to the conclusion that while they get you started, you are still lacking skills in that language. So what can you do? Let's try the Sentence Pattern approach!

When you find some Japanese expressions which you want to acquire, I recommend you to collect several Japanese sentences (around 5 to 7) which have the common structure. Additionally, if you prepare an English(or your mother tongue) translation of the sentences, that would be great.

It is good for you to understand simple formulas for sentences. After understanding and practicing these patterns and you can stick words in... and create your own sentences! You can see an example of the following:

日本語 / にほんご / Japanese
(1) 地下鉄はどこにありますか。
(2) トイレはどこにありますか。
(3) 博物館はどこにありますか。
(4) 渋谷駅はどこにありますか。
(5) 郵便局はどこにありますか。

英語 / えいご / English
(1) Where can I find the subway?
(2) Where can I find the bathroom?
(3) Where can I find the museum?
(4) Where can I find the Shibuya station?
(5) Where can I find the post office?

ひらがな / Hiragana
(1) ちかてつはどこにありますか？
(2) といれはどこにありますか。
(3) はくぶつかんはどこにありますか。
(4) しぶやえきはどこにありますか。
(5) ゆうびんきょくはどこにありますか。

ローマ字 / Roman letters
(1) Chikatetsu wa dokoni ari masuka?
(2) Toire wa dokoni ari masuka?
(3) Hakubutsukan wa dokoni ari masuka?
(4) Shibuya eki wa dokoni ari masuka?
(5) Yûbinkyoku wa dokoni ari masuka?

After checking them out, it would not difficult for you to find a common pattern among them. Now you can make your own sentence by switching the first noun in the sentence. That's quite simple, isn't it?

After learning sentence patterns, you can create a variety of sentences and not to be limited to one or two patterns each time you speak or write.

Also, you can more easily correct sentences because you'll know how sentences are built. You'll understand the parts of a clause and how they fit together.

However, I have to admit that knowing sentence patterns is not enough. We need to practice to help set them more firmly in our memory. So, I am going to tell you another method.

2.Read-aloud Method

To tattoo these expressions in your brain, I recommend you to read a group of sentences out loud 60 times in total(I do it at least 80 times).To begin with, you can focus on reading only Japanese sentences out loud to remember them 4 times.

Also, don't forget to take a note about how many times you read. This is very important!

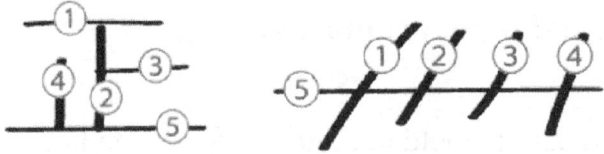

After reading Japanese sentences out loud twice, please take a look at English sentences and check whether you can translate them into Japanese correctly or you can't.

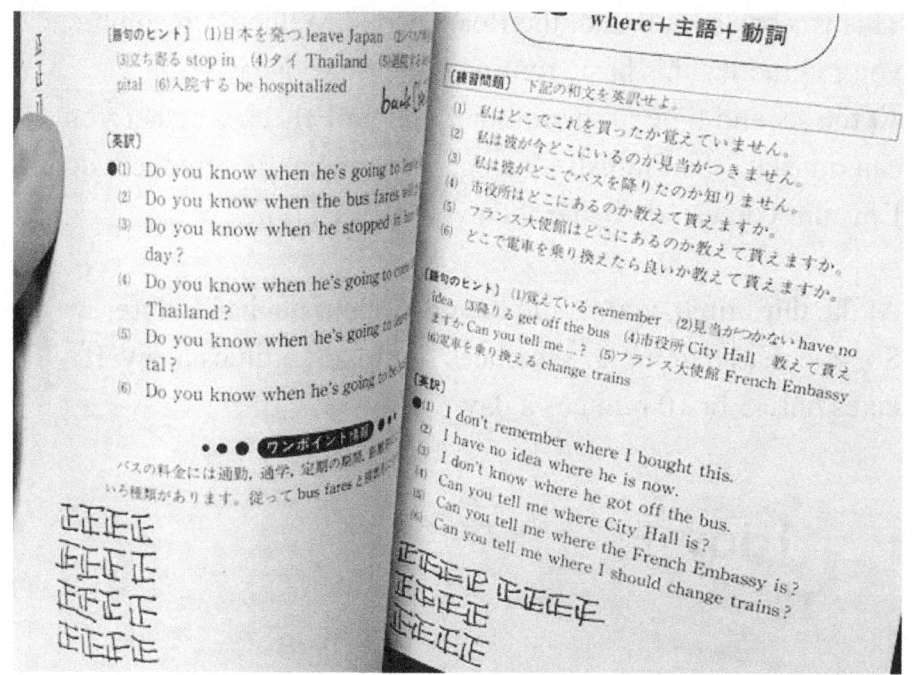

This is not only a self-checking process but also an important process that helps you clarify the meaning of Japanese words, expressions, and sentence patterns in your brain.

If you can't do it well, please don't worry about it. Let's read the Japanese sentences out loud twice again.

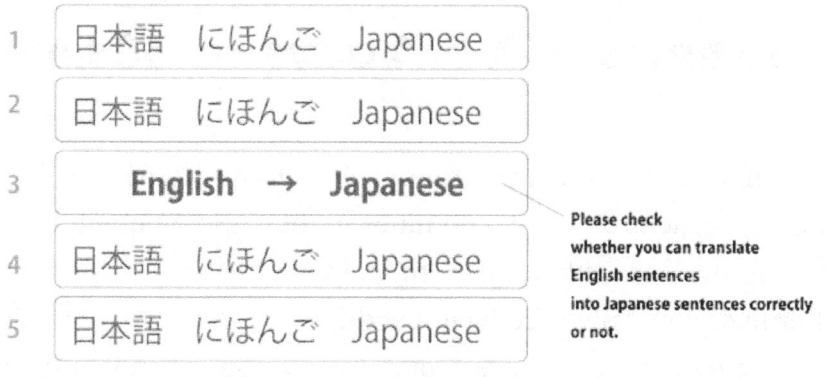

This is a basic routine of the Read-Aloud Method. I recommend you to practice this basic routine three times a day.
At the second time of the routine, you will check whether you can translate the English sentences into Japanese sentences again. I'm sure you can do better than you did last time.

At the third time, you would be more accurate than before.
So, you read a group of sentences out loud 15 times a day. It takes only 5 or 10 minutes a day.

15 times   X   4 days = 60 times

I recommend you to read a group of Japanese sentences with common structure out loud 60 times in total. So, you will basically master one sentence pattern in 4 days.
After that, you would feel that it is difficult for you to forget the sentence pattern you read out loud. In addition, when you speak

to Japanese speakers, your brain would try to get opportunities to use it in actual conversations. Please let your brain allow to make conversation with the sentence pattern you mastered!

I believe this method helps you boost your communication skills in Japanese!

あえて (aete) "deliberately"

Meaning:
dare to; daringly; deliberately

Formation:
あえて + action

日本語 / にほんご / Japanese
(1) その実業家はそのパンの見た目をあえて気にしない / 気にしません。
(2) 世論はその政治家の意見をあえて支持した / 支持しました。
(3) 彼はそのテレビ番組にあえて出演しなかった / 出演しませんでした。
(4) 父親は息子をあえて経済的に支援しなかった / 支援しませんでした。
(5) 正社員ではなく、あえてアルバイトとして働く人も多い / 多いです。
(6) 誰を信用していいか分からないので、彼らはあえて本心をうち明けようとはしない / 打ち明けようとはしません。

ことばと表現 / Words & Expressions
見た目【みため】appearance
世論【よろん】public opinion
出演する【しゅつえんする】to appear
支援する【しえんする】to support

英語 / えいご / English
(1)The businessman did not dare to care about the appearance of the bread.
(2)Public opinion dared to support the opinion of that politician.
(3)He did not dare to appear on that TV program.
(4)The father did not dare to support his son financially.
(5)Many people dare to work as part-time workers instead of full-time workers.
(6)They daren't confide in each other, not knowing whom to trust.

ひらがな / Hiragana
(1) そのじつぎょうかはぱんのみためをあえてきにしない / きにしません。
(2) よろんはそのせいじかのいけんをあえてしじした / しじしました。
(3) かれはそのてれびばんぐみにあえてしゅつえんしなかった / しゅつえんしませんでした。
(4) ちちおやはむすこをあえてけいざいてきにしえんし

なかった ／ しえんしませんでした。
(5) せいしゃいんではなく、あえて あるばいととして はたらく ひとも おおい ／ おおいです。
(6) だれを しんようしていいか わからないので、かれらは あえて ほんしんを うちあけようとは しない ／ うちあけようとはしません。

ローマ字 / Roman letters

(1) Sono Jitsugyôka wa pan no mitame o aete kini shinai/ kini shimasen.
(2) Yoron wa sono seijika no iken o aete shiji shita / shiji shimashita.
(3) Kare wa sono terebi bangumi ni aete shutsuen shinakatta / shimasen deshita.
(4) Chichioya wa musuko o aete keizaiteki ni shien shinakatta / shimasen deshita.
(5) Seisyain de wa naku, aete arubaito to shite hatarakuhito mo ôi/ ôidesu.
(6) Dare o shinyô shite îka wakaranainode, karera wa aete honshin o uchi akeyô to wa shinai/ uchi ake yô to wa shimasen.

あくまでも (akumade mo) "absolutely"

Meaning:
to the end; persistently; absolutely; thoroughness

Formation:
あくまでも + Noun/Verb

日本語 / にほんご / Japanese
(1) あくまでも美しい夏の日だった / 夏の日でした。
(2) 彼はあくまでも沈黙を守ろうとした / 守ろうとしました。
(3) 君はあくまでも約束を守らなければならない / 守らなければなりません。
(4) 私はあくまでも彼女を見つけるつもりだ / つもりです。
(5) 私たちはあくまでも戦い抜く決心をした / 決心をしました。
(6) 中野さんにとってそれはあくまでも家庭問題だった / 家庭問題でした。

英語 / えいご / English

(1)It was the most beautiful summer's day.
(2)He intended to persist in his silence.
(3)You must persistently stick to your promise.
(4)I will definitely find her.
(5)We have made up our minds to fight it out.
(6)It was strictly a family affair for Mr.Nakano.

ひらがな / Hiragana

(1) あくまでも うつくしい なつのひ だった / なつのひ でした。
(2) かれは あくまでも ちんもくを まもろうとした / まもろうとしました。
(3) きみは あくまでも やくそくを まもらなければ ならない / まもらなければ なりません。
(4) わたしは あくまでも かのじょを みつける つもりだ / つもりです。
(5) わたしたちは あくまでも たたかいぬく けっしんを した / けっしんを しました。
(6) なかのさんにとって それは あくまでも かていもんだい だった / かていもんだい でした。

ローマ字　/ Roman letters

(1) Akumademo utsukushî natsu no hidatta　/ natsu no hideshita.

(2) Kare wa akumademo chinmoku o mamorô to shita　/ mamorô to shimashita.

(3) Kimi wa akumademo yakusoku o mamoranakereba naranai　/ mamoranakereba narimasen.

(4) Watashi wa akumademo kanojo o mitsukeru tsumorida　/ tsumoridesu.

(5) Watashitachi wa akumademo soyoi nuku kesshin o shita　/ kesshin o shimashita.

(6) Nakano-san ni totte sore wa akumademo katei mondaidatta　/ katei mondaideshita.

案の定 (an no jou): just as one thought

Meaning:
just as one thought; sure enough

Formation:
案の定 + phrase

日本語 / にほんご / Japanese
(1) 案の定、筆記試験は難しかった / 難しかったです。
(2) 案の定、姉はまた電話をかけてきた / 電話をかけてきました。
(3) 案の定、彼は電車の中に傘を置き忘れた / 忘れました。
(4) 案の定，彼女は締め切りに間に合わなかった / 間に合いませんでした。
(5) 私の決意を家族に告げると，案の定、皆びっくりした / びっくりしました。
(6) 案の定、ボブはコーヒーを飲み終えたところで、その話題を切り出した / 切り出しました。

ことばと表現 / Words & Expressions
決意【けつい】decision
切り出す【きりだす】to bring up

英語 / えいご / English
(1) Just as I thought, the written exam was difficult.
(2) As I had expected, my older sister called me up again.
(3) Predictably (enough), he left his umbrella in the train.
(4) As might have been expected, she missed the deadline.
(5) I announced my decision to my family and they were predictably alarmed.
(6) As expected, Bob brought up the subject after drinking coffee.

ひらがな / Hiragana
(1) あんのじょう、ひっきしけんは むずかしかった / むずかしかったです。
(2) あんのじょう、あねは また でんわを かけてきた / でんわを かけてきました。
(3) あんのじょう、かれは でんしゃの なかに かさを おきわすれた / わすれました。
(4) あんのじょう、かのじょは しめきりに まにあわなかった / まにあいませんでした。
(5) わたしの けついを かぞくに つげると、あんのじょう、みんな びっくりした / びっくりしました。
(6) あんのじょう、ぼぶは こーひーを のみおえたところで、そのわだいを きりだした / きりだしました。

ローマ字 / Roman letters

(1) An'nojô, hikki shiken wa muzukashikatta/ muzukashikattadesu.

(2) An'nojô, ane wa mata denwa o kakete kita/ denwa o kakete kimashita.

(3) An'nojô, kare wa densha no naka ni kasa o okiwasureta/ wasuremashita.

(4) An'nojô, kanojo wa shimekiri ni maniawanakatta/ maniaimasendeshita.

(5) Watashi no ketsui o kazoku ni tsugeru to, an'nojô, min'nabikkuri shita/ bikkuri shimashita.

(6) An'nojô, Bobu wa kôhî o nomi oeta tokoro de, sono wadai o kiridashita/ kiridashimashita.

あらかじめ (arakajime): beforehand, in advance

Meaning:
beforehand; in advance; previously

Formation:
あらかじめ + Verb-casual, past

日本語 / にほんご / Japanese
(1) 私はその資料をあらかじめ印刷して持参する　/ 持参します。
(2) 私はメキシコ料理店にあらかじめ電話して、テーブルを予約しておく　/　予約しておきます。
(3) ご協力に対し、お礼をあらかじめ申し上げる　/ 申し上げます。
(4) スケジュールをあらかじめお知らせください。
(5) 彼は議長の許可をあらかじめ得た　/　得ました。
(6) 部長はあらゆる危険をあらかじめ取り除こうとした / 　取り除こうとしました。

ことばと表現 / Words & Expressions
持参する【持参する】to bring
議長【ぎちょう】the chair
取り除く【とりのぞく】to eliminate

英語 / えいご / English

(1) I will print that document beforehand and bring it in.
(2) I will call the Mexican restaurant ahead and reserve a table.
(3) Thank you for your cooperation in advance.
(4) Please let me know the schedule beforehand.
(5) He got approval from the chair in advance.
(6) The director tried to eliminate all the risk in advance.

ひらがな / Hiragana

(1) わたしは　そのしりょうを　あらかじめ　いんさつして　じさんする　/　じさんします。
(2) わたしは　めきしこりょうりてんに　あらかじめ　でんわして、てーぶるを　よやくしておく　/　よやくしておきます。
(3) ごきょうりょくに　たいし、おれいを　あらかじめ　もうしあげる　/　もうしあげます。
(4) すけじゅーるを　あらかじめ　おしらせください。
(5) かれは　ぎちょうの　きょかを　あらかじめ　えた　/　えました。
(6) ぶちょうは　あらゆる　いけんを　あらかじめ　とりのぞこうとした　/　とりのぞこうとしました。

ローマ字　/ Roman letters

(1) Watashi wa sono shiryou o arakajime insatsu shite jisan suru/ jisan shimasu.

(2) Watashi wa Mekishiko ryôri-ten ni arakajime denwa shite, têburu o yoyaku shite oku/ yoyaku shite okimasu.

(3) Go kyôryoku ni taishi, orei o arakajime môshiageru/ môshiagemasu.

(4) Sukejûru o arakajime oshirase kudasai.

(5) Kare wa gichô no kyoka o arakajime eta/ emashita.

(6) Buchô wa arayuru kiken o arakajime torinozokô to shita/ torinozokô to shimashita.

ばこそ (ba koso): only because

Meaning:
only because

Formation:
Verb- ば conditional + こそ
Noun/ な adj + であればこそ

日本語 / にほんご / Japanese
(1) あなたを大切に思えばこそ、私は強く警告する / 警告します。
(2) 好きであればこそ、私はこの仕事を楽しめる / 楽しめます。
(3) あなたを信頼すればこそ、私は秘密をあなたに打ち明ける / 打ち明けます。
(4) たくさんの経験があればこそ、部長はこの仕事をあなたに任せたいようだ / 任せたいようです。
(5) 来月、結婚式であればこそ私は明日からダイエットする / ダイエットします。
(6) 健康であればこそ、私は充実した生活を楽しめる / 楽しめます。

ことばと表現 / Words & Expressions
を大切に思う【をたいせつにおもう】to care about
警告する【けいこくする】to warn
打ち明ける【うちあける】to confide
充実した生活を楽しむ【じゅうじつした せいかつを たのしむ】
to enjoy fulfilling life

英語 / えいご / English
(1) I warn strongly because I care about you.
(2) I can enjoy this job only because I like it.
(3) I will confide to you my secrets only because I trust you.
(4) It seems that the department director wants to assign this job to you only because you have lots of experience.
(5) I'm going on a diet starting tomorrow because I have a wedding reception next month.
(6) I can enjoy fulfilling life only because I am healthy.

ひらがな / Hiragana
(1) あなたを たいせつに おもえばこそ、わたしは つよく けいこくする / けいこくします。
(2) すきであればこそ、わたしは このしごとを たのしめる / たのしめます。
(3) あなたを しんらいすればこそ、わたしは ひみつを あなたに うちあける / うちあけます。
(4) たくさんの けいけんが あればこそ、ぶちょうは このしごとを あなたに まかせたい ようだ / まかせたい ようです。

(5) らいげつ、けっこんしきであればこそ わたしは あしたから だいえっとする / だいえっとします。

(6) けんこうで あればこそ、わたしは じゅうじつした せいかつを たのしめる / たのしめます。

ローマ字 / Roman letters

(1) Anata o taisetsu ni omoe bakoso, watashi wa tsuyoku keikoku suru/ keikoku shimasu.

(2) Suki deare bakoso, watashi wa kono shigoto o tanoshimeru/ tanoshimemasu.

(3) Anata o shinrai sure bakoso, watashi wa himitsu o anata ni uchiakeru/ uchiakemasu.

(4) Takusan no keiken gaare bakoso, buchô wa kono shigoto o anata ni makasetai yôda/ makasetai yôdesu.

(5) Raigetsu, kekkonshiki de are bakoso watashi wa ashita kara daietto suru/ daietto shimasu.

(6) Kenkô de are bakoso, watashi wa jûjitsu shita seikatsu o tanoshimeru/ tanoshimemasu.

場合によっては (baai ni yotte wa): depending on the situation

Meaning:
in some cases

Formation:
場合によっては + phrase

日本語 / にほんご / Japanese
(1) 場合によっては、私は会議に遅れるかもしれない / 遅れるかもしれません。
(2) 場合によっては、私たちは目的地に少し早く到着するかもしれない / 到着するかもしれません。
(3) 場合によっては、回答が出来ない可能性がある / 可能性があります。
(4) 場合によっては、コンサートは予定時間を超えて長引くことがある / 長引くこともあります。
(5) 場合によっては、私たちは次善策を選ばなくてはならない / 選ばなくてはなりません。
(6) 場合によっては、あなたは二つの役職を兼務する必要がある / 必要があります。

ことばと表現 / Words & Expressions
目的地【もくてきち】destination
次善策【じぜんさく】the second-best policy

英語 / えいご / English

(1) In some cases, I may be late for the meeting.
(2) In some cases, we may arrive a little early for the destination.
(3) There are times when it may be impossible to respond.
(4) In some cases, the concert may go long beyond the scheduled time.
(5) We must choose the second-best policy according to the circumstances.
(6) In some cases, it is necessary for you to concurrently hold two positions.

ひらがな / Hiragana

(1) ばあいによっては、わたしは かいぎに おくれる かもしれない / おくれる かもしれません。
(2) ばあいによっては、わたしたちは もくてきちに すこし はやく とうちゃくする かもしれない / とうちゃくする かもしれません。
(3) ばあいによっては、かいとうが できない かのうせいがある / かのうせいがあります。
(4) ばあいによっては、こんさーとは よていじかんを こえて ながびく ことがある / ながびく こともあります。
(5) ばあいによっては、わたしたちは じぜんさくを えらばなくてはならない / えらばなくてはなりません。
(6) ばあいによっては、あなたは ふたつの やくしょくを けんむする ひつようがある / ひつようがあります。

ローマ字 / Roman letters

(1) Bâiniyotte wa, watashi wa kaigi ni okureru kamo shirenai/ okureru kamo shiremasen.

(2) Bâiniyotte wa, watashitachi wa mokutekichi ni sukoshi hayaku tôchaku suru kamo shirenai/ tôchaku suru kamo shiremasen.

(3) Bâiniyotte wa, kaitô ga dekinai kanôsei ga aru/ kanôsei ga arimasu.

(4) Bâiniyotte wa, konsâto wa yotei jikan o koete nagabiku koto ga aru/ nagabiku koto mo arimasu.

(5) Bâiniyotte wa, watashitachi wa jizen-saku o erabanakute wa naranai/ erabanakute wa narimasen.

(6) Bâiniyotte wa, anata wa futatsu no yakushoku o kenmu suruhitsuyôga aru/ hitsuyô ga arimasu.

あっての (atte no): to owe everything to

Meaning:
which owes everything to; which can exist solely due to the presence of, Thanks to (various things), (outcome)

Formation:
Noun + あっての + Noun

日本語 / にほんご / Japanese
(1) どんな小さな成功も努力あってのものだ / ものです。
(2) 勝利は日々の練習あってのものだ / ものです。
(3) 私の成功はあなたの援助あってのものだ / ものです。
(4) 楽しい人生は健康な体あってのものだ / ものです。
(5) 今月の売り上げ目標の達成は営業メンバーの努力あってのものだ / ものです。
(6) お客様あっての仕事だから、言葉遣いに気を付けてください。

ことばと表現 / Words & Expressions
援助【えんじょ】support
言葉遣い【ことばづかい】the language you use

英語 / えいご / English

(1) Even a small achievement can't be gained without hard work.
(2) Victory is not possible without everyday practice.
(3) My success is thanks to your support.
(4) Pleasant life is dependent on having a healthy body.
(5) The achievement of the sales goal of this month is thanks to the efforts of sales members.
(6) Please be careful of the language you use around our customers since they are essential for our business.

ひらがな / Hiragana

(1) どんな ちいさな せいこうも どりょくあってのものだ / ものです。
(2) しょうりは ひびの れんしゅう あってのものだ / ものです。
(3) わたしの せいこうは あなたの えんじょ あってのものだ / ものです。
(4) たのしい じんせいは けんこうな からだあってのものだ / ものです。
(5) こんげつの うりあげ もくひょうの たっせいは えいぎょうめんばーの どりょくあってのものだ / ものです。
(6) おきゃくさまあってのしごとだから、ことばづかいにきをつけてください。

ローマ字 / Roman letters

(1) Don'na chîsana seikô mo doryoku atteno monoda/ monodesu.

(2) Shôri wa hibi no renshû atteno monoda/ monodesu.

(3) Watashi no seikô wa anata no enjo atteno monoda/ monodesu.

(4) Tanoshî jinsei wa kenkôna karada atteno monoda/ monodesu.

(5) Kongetsu no uriage mokuhyô no tassei wa eigyô menbâ no doryoku atteno monoda/ monodesu.

(6) Okyakusama atteno shigotodakara, kotobadzukai ni ki o tsukete kudasai.

ばそれまでだ (ba sore made da): if… then it's over

Meaning:
if… then it's over (nothing will be of use)(If something occurs, then a bad end is reached.)

Formation:
Verb- ば conditional + それまでだ

日本語 / にほんご / Japanese
(1) あなたが一生懸命勉強しても、試験に遅刻すればそれまでだ / それまでです。
(2) あなたが一生懸命働いても、病気になればそれまでだ / それまでです。
(3) 美味しい料理を出すレストランでも、店内が不潔ならばそれまでだ / それまでです。
(4) この試合に負ければそれまでだ！頑張ろう / 頑張りましょう。
(5) あなたがどんなに有能であっても運が悪ければそれまでだ / それまでです。
(6) あなたが顧客に何度会っても、信頼関係を築けていなければそれまでだ / それまでです。

ことばと表現 / Words & Expressions
不潔な【ふけつな】filthy
信頼関係【しんらいかんけい】trustworthy relationship

英語 / えいご / English
(1) Even if you study hard, if you will be late for the exam, then it's over.
(2) Even if you work hard, once you get sick, then it's over.
(3) Even if a restaurant offers delicious food, if its inside is filthy, then it's over.
(5) If we lose this match, it's over! Let's do our best!
(4) No matter how capable you are, if you're unlucky it's useless.
(6) No matter how many times you see your clients unless you can build a trustworthy relationship, then it's over.

ひらがな / Hiragana
(1) あなたが いっしょうけんめい べんきょう しても、しけんに ちこくすれば それまでだ / それまでです。
(2) あなたが いっしょうけんめい はたらいても、びょうきに なれば それまでだ / それまでです。
(3) おいしい りょうりをだす れすとらんでも、てんないが ふけつならば それまでだ / それまでです。
(4) このしあいに まければ それまでだ！がんばろう /

がんばりましょう。
(5) あなたが どんなに ゆうのうで あっても うんが わるければ それまでだ / それまでです。
(6) あなたが こきゃくに なんど あっても、しんらいかんけいを きずけていなければ それまでだ / それまでです。

ローマ字 / Roman letters

(1) Anata ga isshôkenmei benkyô shite mo, shiken ni chikoku sureba sore madeda/ sore madedesu.

(2) Anata ga isshôkenmei hataraite mo, byôki ni nareba sore madeda/ sore madedesu.

(3) Oishî ryôri o dasu resutoran demo, ten'nai ga fuketsunaraba sore madeda/ sore madedesu.

(4) Kono shiai ni makereba sore madeda! Ganbarô/ ganbarimashô.

(5) Anata ga don'nani yûnôde atte mo un ga warukereba sore madeda/ sore madedesu.

(6) Anata ga kokyaku ni nando atte mo, shinrai kankei o kidzukete inakereba sore madeda/ sore madedesu.

べからず (bekarazu): must not, should not

Meaning:
must not; should not; do not

Formation:
Verb-dictionary form + べからず / べからざる

日本語 / にほんご / Japanese
(1) 電車内で携帯電話を使うべからず。
(2) 授業中は私語をするべからず。
(3) 初心、忘れるべからず。
(4) ここにゴミを捨てるべからず。
(5) 芝生に入るべからず。
(6) 関係者以外立ち入るべからず。

ことばと表現 / Words & Expressions
私語をする【しごをする】to talk about your private life
芝生【しばふ】the grass
初心【しょしん】original reason for doing the things you have chosen to do.

英語 / えいご / English

(1) You should not use your cellphone on the train.

(2) You should not talk about your private life during the class.

(3) You should not forget your original reason for doing the things you have chosen to do.

(4) No dumping of rubbish here.

(5) Keep off the grass.

(6) Authorized personnel only.

ひらがな / Hiragana

(1) でんしゃないで　けいたいでんわを　つかう　べからず。
(2) じゅぎょうちゅうは　しごを　する　べからず。
(3) しょしん、わすれる　べからず。
(4) ここに　ごみをすてる　べからず。
(5) しばふに　はいる　べからず。
(6) かんけいしゃ　いがい　たちいる　べからず。

ローマ字 / Roman letters

(1) Densha-nai de keitai denwa o tsukau bekarazu.
(2) Jugyô-chû wa shigo o suru bekarazu.
(3) Syoshin, wasureru bekarazu.
(4) Koko ni gomi o suteru bekarazu.
(5) Shibafu ni hairu bekarazu.
(6) Kankei-sha igai tachi iru bekarazu.

べく (beku): in order to, should

Meaning:
in order to; for the purpose of

Formation:
Verb-dictionary form + べく
Exception: する -> するべく / すべく

日本語 / にほんご / Japanese
(1) 警察官らは男を逮捕すべく追いかけた / 追いかけました。
(2) 私は先生に会うべく職員室へ行った / 行きました。
(3) 私はエンジニアになるべく一生懸命勉強した / 勉強しました。
(4) 弟は旅行ライターになるべく、たくさんの国を旅した / 旅しました。
(5) 彼は可能な限り早く借金を返すべく、懸命に働いている / 働いています。
(6) 営業部は売り上げを改善すべく新しい戦略を導入した / 導入しました。

ことばと表現 / Words & Expressions
逮捕する【たいほする】to arrest
可能な限り早く【かのうなかぎりはやく】as soon as possible
戦略【せんりゃく】strategy
導入した【導入する】to introduce

英語 / えいご / English

(1) The police officers chased the man in order to arrest the man.
(2) I went to the teacher's room in order to meet my teacher.
(3) I studied hard in order to become an engineer.
(4) My brother traveled to a lot of countries in order to become a travel writer.
(5) He's working really hard in order to repay his debt as soon as possible.
(6) The sales department introduced a new strategy in order to improve sales.

ひらがな / Hiragana

(1) けいさつかんらは おとこを たいほすべく おいかけた / おいかけました。
(2) わたしは せんせいに あうべく しょくいんしつへ いった / いきました。
(3) わたしは えんじにあに なるべく いっしょううけんめい べんきょうした / べんきょうしました。
(4) おとうとは りょこう らいたーに なるべく、たくさん の くにを たびした / たびしました。
(5) かれは かのうなかぎりはやく しゃっきんを かえすべく、けんめいに はたらいている / はたらいています。
(6) えいぎょうぶは うりあげを かいぜんすべく あたらしい せんりゃくを どうにゅうした / どうにゅうしました。

ローマ字 / Roman letters

(1) Keisatsukan-ra wa otoko o taiho subeku oikaketa/ oikakemashita.

(2) Watashi wa sensei ni aubeku shokuin-shitsu e itta/ ikimashita.

(3) Watashi wa enjinia ni narubeku isshôkenmei benkyô shita/ benkyô shimashita.

(4) Otôto wa ryokô raitâ ni narubeku, takusan no kuni o tabi shita/ tabi shimashita.

(5) Kare wa kanôna kagiri hayaku shakkin o kaesubeku, kenmei ni hataraite iru/ hataraite imasu.

(6) Eigyôbu wa uriage o kaizen subeku atarashî senryaku o dônyû shita/ dônyû shimashita.

べくもない (beku mo nai): can't

Meaning:
can't; cannot possibly be

Formation:
Verb-dictionary form + べくもない

Exception: する -> すべくもない

日本語 / にほんご / Japanese
(1) 今回の選挙で、野党は勝つべくもない / 勝つべくもありません。
(2) この絵が偽物であることなど、素人のわたしは知るべくもない / 知るべくもありません。
(3) このワールドカップで日本チームが優勝することは望むべくもない / 望むべくもありません。
(4) 将来、この会社で役員になるなんて望むべくもない / 望むべくもありません。
(5) 移民問題がヨーロッパ政治の鍵であることは疑うべくもない / 疑うべくもありません。
(6) 事件から百年も経った今、実際に何が起こったかは知るべくもない / 知るべくもありません。

ことばと表現 / Words & Expressions
野党【やとう】opposition party
移民問題【いみんもんだい】immigration problem

英語 / えいご / English
(1) In this election, the opposition party can't win.
(2) There's no way an amateur like me can realize that this is a fake painting.
(3) There is no hope that the Japanese team will win the World Cup.
(4) I can not hope to become an executive in the company in the future.
(5) There is no doubt that the immigration problem is the key to European politics.
(6) Now that one hundred years have passed since the incident, there is no knowing what really happened.

ひらがな / Hiragana
(1) こんかいの せんきょで、やとうは かつべくもない / かつべくもありません。
(2) このえが にせものである ことなど、しろうとの わたしは しるべくもない / しるべくもありません。
(3) このわーるどかっぷで にほんちーむが ゆうしょうすることは のぞむべくもない / のぞむべくもありません。
(4) しょうらい、このかいしゃで やくいんになるなんて のぞむべくもない / のぞむべくもありません。
(5) いみんもんだいが よーろっぱせいじの かぎであることは うたがうべくもない / うたがうべくもありません。
(6) じけんから ひゃくねんも たったいま、じっさいに なにが おこったかは しるべくもない / しるべくもありません。

ローマ字 / Roman letters

(1) Konkai no senkyo de, yatô wa katsubeku mo nai/ katsubeku mo arimasen.

(2) Kono e ga nisemono dearu koto nado, shirôto no watashi wa shirubeku mo nai/ shirubeku mo arimasen.

(3) Kono wârudokappu de Nihon chîmu ga yûshô suru koto wa nozomubeku mo nai/ nozomubeku mo arimasen.

(4) Shôrai, kono kaisha de yakuin ni naru nante nozomubeku mo nai/ nozomubeku mo arimasen.

(5) Imin mondai ga yôroppa seiji no kagi dearu koto wa utagaubeku mo nai/ utagaubeku mo arimasen.

(6) Jiken kara hyaku-nen mo tatta ima, jissai ni nani ga okotta ka wa shirubeku mo nai/ shirubeku mo arimasen.

びる (biru): seeming to be

Meaning:
seeming to be; behaving as

Formation:
Noun/ い adj（ーい）+ びる / びて
Noun/ い adj（ーい）+ びた + Noun

Exception: 古い -> 古びた；　悪い -> 悪びれる (to abash, to feel shame)

日本語 / にほんご / Japanese
(1) 娘は大学生になったとたん、大人びたことを言うようになった　/　言うようになりました。
(2) 高校生になって以降、息子は大人びた服装をするようになった　/　服装をするようになりました。
(3) 古びた家の庭にいつも猫たちが集まっている　/　集まっています。
(4) 彼はいつも青い古びた車を運転している　/　運転しています。
(5) 電車の車窓から田舎びた景色を見た　/　見ました。
(6) その男は悪びれる様子もなく過去の犯罪を自慢した　/　自慢しました。
(7) 彼は少しも悪びれずに試験官の前に立った　/　立ちました。

ことばと表現 / Words & Expressions
田舎びた【いなかびた】countrified
悪びれる【わるびれる】to abash / to feel shame
試験官【しけんかん】examiner

英語 / えいご / English
(1) My daughter started talking like an adult the moment she became a college student.
(2) My son started wearing clothes like an adult after he became a high school student.
(3) Cats are always gathering in   the garden of an old house.
(4) He is always driving a blue old car.
(5) I saw a countrified scenery through the train window.
(6) The man boasted of his past crimes in an unapologetic way.
(7) He stood unabashed before his examiners.

ひらがな / Hiragana
(1) むすめは　だいがくせいに　なったとたん、おとなびたことを　いうようになった　/　いうようになりました。
(2) こうこうせいに　なって　いこう、むすこは　おとなびた　ふくそうを　するようになった　/　ふくそうを　するようになりました。
(3) ふるびた　いえの　にわに　いつも　ねこたちが　あつまっている　/　あつまっています。

(4) かれは いつも あおい ふるびた くるまを うんてんしている ／ うんてんしています。
(5) でんしゃの しゃそうから いなかびた けしきを みた ／ みました。
(6) そのおとこは わるびれるようすもなく かこの はんざいを じまんした ／ じまんしました。
(7) かれは すこしも わるびれずに しけんかんの まえにたった ／ たちました。

ローマ字 / Roman letters

(1) Musume wa daigakusei ni natta totan, otonabita koto o iu yô ni natta/ iu yô ni narimashita.
(2) Kôkôsei ni natte ikô, musuko wa otonabita fukusô o suru yô ni natta/ fukusô o suru yô ni narimashita.
(3) Furubita ie no niwa ni itsumo neko-tachi ga atsumatte iru/ atsumatte imasu.
(4) Kare wa itsumo aoi furubita kuruma o unten shite iru/ unten shite imasu.
(5) Densha no shasô kara inakabita keshiki o mita/ mimashita.
(6) Sono otoko wa warubireru yôsu mo naku kako no hanzai o jiman shita/ jiman shimashita.
(7) Kare wa sukoshi mo warubirezu ni shiken-kan no mae ni tatta/ tachimashita.

ぶり (buri): style, manner

Meaning:
style; manner

Formation:
Verb- ます stem + ぶり / っぶり / っぷり Noun + ぶり

日本語 / にほんご / Japanese
(1) 弟の怠けぶりを私は許せない / 許せません。
(2) あなたの進歩ぶりに私は満足している / 満足しています。
(3) 彼女の話しぶりが私は好きではない / 好きではありません。
(4) 彼女はまるで何もかも知っているような話しぶりだ / 話しぶりです。
(5) ケネディ教授はその一風変わった生活ぶりが有名だ / 有名です。
(6) あなたがこの会社を辞めた後も、あなたの仕事ぶりを私は忘れない / 忘れません。

ことばと表現 / Words & Expressions
進歩【しんぽ】progress
一風変わった【いっぷうかわった】eccentric

英語 / えいご / English

(1) I can't excuse my younger brother's laziness.
(2) I'm satisfied with your progress.
(3) I don't like the way she talks
(4) She talks as if she knew everything.
(5) Professor Kennedy is famous for his eccentric lifestyle.
(6) After you quit this company, I'm not going to forget how you've worked.

ひらがな / Hiragana

(1) おとうとの なまけぶりを わたしは ゆるせない / ゆるせません。
(2) あなたの しんぽぶりに わたしは まんぞくしている / まんぞくしています。
(3) かのじょの はなししぶりが わたしは すきではない / すきではありません。
(4) かのじょは まるで なにもかも しっているような はなしぶりだ / はなしぶりです。
(5) けねでぃきょうじゅは そのいっぷうかわった せいかつぶりが ゆうめいだ / ゆうめいです。
(6) あなたが このかいしゃを やめた あとも、あなたの しごとぶりを わたしは わすれない / わすれません。

ローマ字 / Roman letters

(1) Otôto no namake-buri o watashi wa yurusenai/ yurusemasen.

(2) Anata no shinpo-buri ni watashi wa manzoku shite iru/ manzoku shite imasu.

(3) Kanojo no hanashiburi ga watashi wa sukide wanai/ sukide wa arimasen.

(4) Kanojo wa marude nanimokamo shitte iru yôna hanashiburida/ hanashiburidesu.

(5) Kenedî kyôju wa sono ippûkawatta seikatsu-buri ga yûmeida/ yûmeidesu.

(6) Anata ga kono kaisha o yameta ato mo, anata no shigoto-buri o watashi wa wasurenai/ wasuremasen.

ぶる (buru): behaving like

Meaning:
assuming the air of…; behaving like…

Formation:
Noun/ な adjective + ぶる / ぶって / ぶった
い adjective (remove い) + ぶる / ぶって / ぶった

日本語 / にほんご / Japanese
(1) 私の上司は知識人ぶるのが好きだ　/　好きです。
(2) 兄は紳士ぶる傾向がある　/　傾向があります。
(3) 彼女は上品ぶっている　/　上品ぶっています。
(4) 昔、その政治家は必要以上に大物ぶっていた　/　大物ぶっていました。
(5) あの市長は独善的かつ聖人ぶった人物だ　/　聖人ぶった人物です。
(6) 姉はもったいぶった様子で話し始めた　/　話し始めました。

ことばと表現 / Words & Expressions
知識人【ちしきじん】intellectual
独善的な【どくぜんてきな】self-righteous
もったいぶった【---】pompous

英語 / えいご / English

(1) My boss likes to posture as an intellectual.
(2) My older brother has a tendency to affect the gentleman.
(3) She gives herself airs.
(4) The politician always acted big more than necessary in the past.
(5) That mayor is a self-righteous and sanctimonious person.
(6) My elder sister began talking in a pompous manner.

ひらがな / Hiragana

(1) わたしの　じょうしは　ちしきじん　ぶるのが　すきだ　/　すきです。
(2) あには　しんしぶる　けいこうがある　/　けいこうがあります。
(3) かのじょは　じょうひん　ぶっている　/　じょうひん　ぶっています。
(4) むかし、そのせいじかは　ひつよういじょうに　おおもの　ぶっていた　/　おおもの　ぶっていました。
(5) あの　しちょうは　どくぜんてき　かつ　せいじんぶった　じんぶつだ　/　せいじんぶった　じんぶつです。
(6) あねは　もったいぶったようすで　はなしはじめた　/　はなしはじめました。

ローマ字　/ Roman letters

(1) Watashi no jôshi wa chishiki jin buru no ga sukida/ sukidesu.

(2) Ani wa shinshiburu keikô ga aru/ keikô ga arimasu.

(3) Kanojo wa jôhin butte iru/ jôhin butte imasu.

(4) Mukashi, sono seijika wa hitsuyô ijô ni　ômono butte ita/ ômono butte imashita.

(5) Ano shichô wa dokuzen-teki katsu seijin butta jinbutsu da/ seijin butta jinbutsu desu.

(6) Ane wa mottaibutta yôsu de hanashi hajimeta/ hanashi hajimemashita.

だに (dani): even

Meaning:
even

Formation:
Verb-dictionary form + だに
Noun + だに

日本語 / にほんご / Japanese
(1) 未だに彼女の困った顔を覚えている / 覚えています。
(2) 私にはその意味がいまだに曖昧だ / 曖昧です。
(3) 彼は引退したが、いまだに事実上の指導者だ / 指導者です。
(4) 私はその猫について考えるだに悲しくなる / 悲しくなります。
(5) 自分が社長になろうとは、想像だにしなかった / 想像だにしませんでした。
(6) 私が日本語がこのように流暢に話せるようになるとは夢想だにしなかった / 夢想だにしませんでした。

ことばと表現 / Words & Expressions
曖昧【あいまい】obscure
引退する【いんたいする】to retire
流暢に【りゅうちょうに】fluently
このように【---】in this way

英語 / えいご / English

(1) Even now, I still remember her troubled face.
(2) The meaning is still obscure to me.
(3) He has retired, but he is still an actual leader.
(4) I get sad just thinking about the cat.
(5) I never imagined that I'd become a president.
(6) I never dreamed that I could speak Japanese fluently in this way.

ひらがな / Hiragana

(1) いまだに かのじょの こまった かおを おぼえている / おぼえています。
(2) わたしには そのいみが いまだに あいまい だ / あいまい です。
(3) かれは いんたいしたが、いまだに じじつじょうの しどうしゃだ / しどうしゃです。
(4) わたしは そのねこについて かんがえるだに かなしくなる / かなしくなります。
(5) じぶんが しゃちょうに なろうとは、そうぞうだに しなかった / そうぞうだに しませんでした。
(6) わたしが にほんごが このように りゅうちょうに はなせるようになるとは むそうだに しなかった / むそうだに しませんでした。

ローマ字 / Roman letters

(1) Imadani kanojo no komatta kao o oboete iru/ oboete imasu.

(2) Watashini wa sono imi ga imadani aimai da/ aimai desu.

(3) Kare wa intai shitaga, imadani jijitsujou no shidô-shada/ shidô-shadesu.

(4) Watashi wa sono neko ni tsuite kangaeru dani kanashiku naru/ kanashiku narimasu.

(5) Jibun ga shachô ni narô to wa, sôzô dani shinakatta/ sôzô dani shimasendeshita.

(6) Watashi ga Nihongo ga kono yô ni ryûchô ni hanaseru yô ni naru to wa musô dani shinakatta/ musô dani shimasendeshita.

だの〜だの (dano~dano): and, and so forth

Meaning:
and; and the like; and so forth

Formation:
Verb-casual + だの + Verb-casual + だの
Noun だの + Noun + だの
い adj + だの + い adj + だの
な adj + だの + な adj + だの

日本語 / にほんご / Japanese
(1) 日本を旅行するなら、東京だの京都だの、私は行きたいところがたくさんある / あります。
(2) 昨日、私は書店でビジネスマナーだのマーケティングだのたくさんのビジネス書を買った / 買いました。
(3) 彼女は給料が安いだの、休みが少ないだの、よく不平をもらす / もらします。
(4) 弟は風邪を引いただの、頭が痛いだのと言って、学校を欠席することが多い / 多いです。
(5) 彼は大変だの危険だのと言って、山を登ったことがない / ありません。
(6) 妻はキッチンが使いにくいだの掃除が大変だのと文句をときどき言う / 言います。

ことばと表現 / Words & Expressions
不平をもらす【ふへいをもらす】to make a noise about
文句を言う【もんくをいう】to complain

英語 / えいご / English
(1) If traveling in Japan, I have plenty of places I want to visit such as Tokyo, Kyoto, and so on.
(2) Yesterday, I bought a lot of business books such as business manners and marketing.
(3) She often makes a noise that her salary is cheap and she has few holidays.
(4) My younger brother often skips class by saying things like I've caught a cold or I've got a headache.
(5) He never climbs a mountain by saying things like it is hard and dangerous.
(6) My wife sometimes complains that using the kitchen is hard and not easy to clean.

ひらがな / Hiragana
(1) にほんを りょこう するなら、とうきょうだのきょうとだの、わたしは いきたいところが たくさんある / あります。
(2) きのう、わたしは しょてんで びじねすまなーだの まーけてぃんぐだの たくさんの びじねすしょを かった / かいました。

（3）かのじょは きゅうりょうが やすいだの、やすみが すくないだの、よくふへいを もらす / もらします。

（4）おとうとは かぜを ひいただの、あたまが いたいだのといって、がっこうを けっせきすることが おおい / おおいです。

（5）かれは たいへんだの きけんだの といって、やまを のぼったことがない / ありません。

（6）つまは きっちんが つかいにくいだの そうじが たいへんだのと もんくを ときどきいう / いいます。

ローマ字 / Roman letters

(1) Nihon o ryokô surunara, Tôkyô dano Kyôto dano, watashi wa ikitaitokoro ga takusan aru/ arimasu.

(2) Kinô, watashi wa shoten de bijinesu manâ dano mâketingu dano takusan no bijinesu-sho o katta/ kaimashita.

(3) Kanojo wa kyûryô ga yasui dano, yasumi ga sukunai dano, yoku fuhei o morasu/ morashimasu.

(4) Otôto wa kaze o hiita dano, atamagaitaida no to itte, gakkô o kesseki suru koto ga ôi/ ôidesu.

(5) Kare wa taihen dano kiken dano itte, yama o nobotta koto ga nai/ arimasen.

(6) Tsuma wa kitchin ga tsukai nikui dano sôji ga taihendanoto monku o tokidoki iu/ îmasu.

であれ〜であれ (de are~de are): whether A or B

Meaning:
whether A or B

Formation:
Noun/ な adj + であれ + Noun/ な adj + であれ
Noun/ な adj + であろうと + Noun/ な adj + であろうと

日本語 / にほんご / Japanese
(1) 雨であれ晴れであれ予定どおり私たちは映画を見に行く / 見に行きます。
(2) あなたが男であれ女であれ料理の仕方を知っていると役に立つ / 役に立ちます。
(3) 教師であれ学生であれ、規則にはみんなが従わなければならない / 従わねばなりません。
(4) 正社員であれ、パートであれ、仕事に対する責任は同じだ / 同じです。
(5) 社長であろうと社員であろうと、顧客にこの件を説明すべきだった / 説明すべきでした。
(6) 有名であろうと、無名であろうと、人生は短い / 短いです。

ことばと表現 / Words & Expressions
規則に従う【きそくに　したがう】to follow the rules
無名【むめい】nameless

英語 / えいご / English

(1) We'll go to see a movie as planned, rain or shine.
(2) It's useful for you to know how to cook whether you're a man or a woman.
(3) Whether you are a teacher or a student, everyone must follow the rules.
(4) Whether a full-time employee or a part-timer, your duty to your job is the same.
(5) Whether it be the president or an employee, someone should have explained this to the client.
(6) No matter if one is famous or nameless, life is short.

ひらがな / Hiragana

(1) あめであれ　はれれであれ　よていどおり　わたしたちは　えいがを　みにいく　/　みにいきます。
(2) あなたが　おとこであれ　おんなであれ　りょうりの　しかたを　しっていると　やくにたつ　/　やくにたちます。
(3) きょうしであれ　がくせいであれ、きそくには　みんなが　したがわなければならない　/　したがわねばなりません。
(4) せいしゃいんであれ、ぱーとであれ、しごとにたいする　せきにんは　おなじだ　/　おなじです。(5) しゃちょうであろうと　しゃいんであろうと、こきゃくに　このけんを　せつめいすべきだった　/　せつめいすべきでした。

(6) ゆうめいであろうと、むめいであろうと、じんせい
は みじかい / みじかいです。

ローマ字　/ Roman letters

(1) Ame deare hare deare yotei-dôri watashitachi wa eiga o mi ni iku/ mi ni ikimasu.

(2) Anata ga otoko deare on'na deare ryôri no shikata o shitte iru to yakunitatsu/ yakunitachimasu.

(3) Kyôshi deare gakusei deare, kisoku ni wa min'na ga shitagawanakereba naranai/ shitagawaneba narimasen.

(4) Seishain deare, pâto deare, shigoto ni taisuru sekinin wa onajida/ onaji desu.

(5) Shachô dearôto shain dearôto, kokyaku ni kono ken o setsumei subekidatta/ setsumei subekideshita.

(6) Yûmei dearôto, mumei dearôto, jinsei wa mijikai/ mijikai desu

であれ / であろうと (de aru/de arou to): whoever/whatever/however

Meaning:
whoever/whatever/however; even

Formation:
Noun + であれ / であろうと

日本語 / にほんご / Japanese
(1) どんな理由であれ、私にうそをつくことは許せない / 許せません。
(2) どんな人であれ、この映画は楽しめる / 楽しめます。
(3) 彼女が誰であれ、特別扱いするのは間違っている / 間違っています。
(4) どんなに困難であろうとも、私はこのプロジェクトを成功に導く / 成功に導きます。
(5) どんなに高額であろうとも、彼らはこの商品を購入するに違いない / 違いありません。
(6) 誰であろうともテロ活動に従事するものを私たちは許さない / 許しません。

ことばと表現 / Words & Expressions
特別扱い【とくべつあつかい】preferential treatment
テロ活動【てろかつどう】terrorism
従事する【じゅうじする】to engage

英語 / えいご / English

(1) Whatever reason you have, lying to me is unforgivable.
(2) No matter what kind of person they are, this movie can be enjoyed by anyone.
(3) Regardless of whoever she may be, preferential treatment is wrong.
(4) No matter how difficult it is, I will lead this project to success.
(5) No matter how expensive it is, they must purchase this item.
(6) We will not forgive anyone to engage in terrorism.

ひらがな / Hiragana

(1) どんなりゆうであれ、わたしに　うそを　つくことはゆるせない　/　ゆるせません。
(2) どんなひとであれ、このえいがは　たのしめる　/　たのしめます。
(3) かのじょが　だれであれ、とくべつあつかいするのはまちがっている　/　まちがっています。(4) どんなに　こんなんであろうとも、わたしは　このぷろじぇくとを　せいこうに　みちびく　/　せいこうにみちびきます。
(5) どんなに　こうがくであろうとも、かれらは　このしょうひんを　こうにゅうするにちがいない　/　ちがいありません。
(6) だれであろうとも　てろ　かつどうに　じゅうじするものを　わたしたちは　ゆるさない　/　ゆるしません。

ローマ字　/ Roman letters

(1) Don'na riyû deare, watashi ni uso o tsuku koto wa yurusenai/ yurusemasen.

(2) Don'na hito deare, kono eiga wa tanoshimeru/ tanoshimemasu.

(3) Kanojo ga dare deare, tokubetsu atsukai suru no wa machigatte iru/ machigatte imasu.

(4) Don'nani kon'nan dearôtomo, watashi wa kono purojekuto o seikô ni michibiku/ seikô ni michibikimasu.

(5) Don'nani kôgaku dearôtomo, karera wa kono shôhin o kônyû suru ni chigainai/ chigai arimasen.

(6) Dare dearôtomo tero katsudô ni jûji suru mono o watashitachi wa yurusanai/ yurushimasen.

でも何でもない (demo nan demo nai): not in the least

Meaning:
not in the least

Formation:
Noun/ な adj + でも何でもない

日本語 / にほんご / Japanese
(1) 彼は病気でも何でもない　/　何でもありません。
(2) あの女性は私の友だちでも何でもない　/　何でもありません。
(3) その書類は重要でも何でもない　/　何でもありません。
(4) 彼女は幸せでも何でもない　/　何でもありません。
(5) 私はそのことについて心配でも何でもない　/　何でもありません。
(6) あなたが彼にしたことは親切でも何でもない　/　何でもありません。

英語 / えいご / English

(1) He's not sick at all.

(2) That lady is none of my friends.

(3) Those documents are nothing of any importance at all.

(4) She is not in the least happy.

(5) I am not in the least anxious about it.

(6) What you did to him is not in the least kind.

ひらがな / Hiragana

(1) かれは　びょうきでも　なんでもない　/　なんでもありません。

(2) あのじょせいは　わたしの　ともだちでも　なんでもない　/　なんでもありません。

(3) そのしょるいは　じゅうようでも　なんでもない　/　なんでもありません。

(4) かのじょは　しあわせでも　なんでもない　/　なんでもありません。

(5) わたしは　そのことについて　しんぱいでも　なんでもない　/　なんでもありません。

(6) あなたが　かれにしたことは　しんせつでも　なんでもない　/　なんでもありません。

ローマ字 / Roman letters

(1) Kare wa byôki demo nandemonai/ nani demo arimasen.

(2) Ano josei wa watashi no tomodachi demo nandemonai/ nani demo arimasen.

(3) Sono shorui wa jûyô demo nandemonai/ nani demo arimasen.

(4) Kanojo wa shiawase demo nandemonai/ nani demo arimasen.

(5) Watashi wa sono koto ni tsuite shinpai demo nandemonai/ nani demo arimasen.

(6) Anata ga kare ni shita koto wa shinsetsu demo nandemonai/ nandemo arimasen.

でなくてなんだろう (denakute nan darou): must be, is definitely

Meaning:
must be; is definitely,"If it is not ～ ,then what it is/ what can it be?"

Formation:
Noun + でなくてなんだろう

日本語 / にほんご / Japanese
(1) 彼女に対するこの気持ちは、愛でなくてなんだろう / なんでしょう。
(2) 文化や宗教の対立が原因で起こる戦争は悲劇でなくてなんだろう / なんでしょう。
(3) 大統領は十分な資金もないのに戦争を始めた。これが無謀でなくてなんだろう / なんでしょう。
(4) このカレーが世界一でなくてなんだろう / なんでしょう。
(5) 自分の命を犠牲にして多くの人を救ったあの男が英雄でなくてなんだろう / なんでしょう。
(6) 弟は体の弱い奥さんのために空気の綺麗な所へ引っ越した。これが愛でなくてなんだろう / なんでしょう。

ことばと表現 / Words & Expressions
対立【たいりつ】conflict
十分な【じゅうぶんな】sufficient
無謀な【むぼうな】reckless

英語 / えいご / English
(1) This feeling of mine for her must be love.
(2) Wars caused by cultural and religious conflict must be a tragedy.
(3) The president started a war without sufficient funds. That was so reckless.
(4) If this isn't the world's best curry, then I don't know what is.
(5) That man who sacrificed his own life to help so many people, if he isn't a hero I don't know who is.
(6) My younger brother moved to a place with clean air for his unhealthy wife. If that doesn't love what is?

ひらがな / Hiragana
(1) かのじょにたいする このきもちは、あいでなくてなんだろう / なんでしょう。
(2) ぶんかや しゅうきょうの たいりつが げんいんで おこる せんそうは ひげきでなくてなんだろう / なんでしょう。

(3) だいとうりょうは じゅうぶんな しきんもないのに せんそうをはじめた。これが むぼうでなくてなんだろう / なんでしょう。

(4) この かれーが せかいいちでなくてなんだろう / なんでしょう。

(5) じぶんのいのちを ぎせいにして おおくの ひとを すくった あのおとこが えいゆうでなくてなんだろう / なんでしょう。

(6) おとうとは からだの よわい おくさんのために くうきの きれいな ところへひっこした。これが あいでなくてなんだろう / なんでしょう。

ローマ字 / Roman letters

(1) Kanojo ni taisuru kono kimochi wa, ai denakute nandarô/na ndeshô.

(2) Bunka ya shûkyô no tairitsu ga gen'in de okoru sensô wa higeki denakute nandarô/nandeshô.

(3) Daitôryô wa jûbun'na shikin mo nai no ni sensô o hajimeta. Kore ga mubô denakute nandarô/nandeshô.

(4) Kono karê ga sekai ichi denakute nandarô/nandeshô.

(5) Jibun no inochi o gisei ni shite ôku no hito o sukutta ano otoko ga eiyû denakute nandarô/nandeshô.

(6) Otôto wa karada no yowai okusan no tame ni kûki no kireina tokoro e hikkoshita. Kore ga ai denakute nandarô/ nandeshô.

(で)すら (de sura): even

Meaning:
even

Formation:
Noun + すら / ですら

日本語 / にほんご / Japanese
(1) 昨日は暑すぎて、昼寝すらできなかった / できませんでした。
(2) 私はこの悩みを親にすら話せない / 話せません。
(3) 世界中の少なくない人が日本がどこにあるかすら知らない / 知りません。
(4) 専門家ですら、その質問に答えられなかった / 答えられませんでした。
(5) 彼は、オペラはもちろんのこと、童謡ですら歌えない / 歌えません。
(6) ベトナム語では私は自分の名前ですら書けない / 書けません。

ことばと表現 / Words & Expressions
昼寝【ひるね】nap
悩み【なやみ】problem
童謡【どうよう】children's songs

英語 / えいご / English

(1) It was so hot yesterday that I could not even take a nap.
(2) I can't talk about this problem even with my parents.
(3) Not a few people in the world don't even know where Japan is.
(4) Even the specialist couldn't answer that question.
(5) He cannot even sing children's songs, let alone opera.
(6) I cannot even write my own name in Vietnamese language.

ひらがな / Hiragana

(1) きのうは あつすぎて、ひるねすら できなかった / できませんでした。
(2) わたしは このなやみを おやにすら はなせない / はなせません。
(3) せかいじゅうの すくなくないひとが にほんが どこに あるかすら しらない / しりません。
(4) せんもんかですら、そのしつもんに こたえられなかった / こたえられませんでした。
(5) かれは、おぺらは もちろんのこと、どうようですら うたえない / うたえません。
(6) べとなむごでは わたしは じぶんのなまえですら かけない / かけません。

ローマ字 / Roman letters

(1) Kinô wa atsu sugite, hirune sura dekinakatta/ dekimasendeshita.

(2) Watashi wa kono nayami o oya ni sura hanasenai/ hanasemasen.

(3) Sekaijû no sukunakunai hito ga Nihon ga doko ni aru ka sura shiranai/ shirimasen.

(4) Senmonka desura, sono shitsumon ni kotae rarenakatta/ kotae raremasen deshita.

(5) Kare wa, opera wa mochiron no koto, dôyô desura utaenai/ utaemasen.

(6) Betonamu-go de wa watashi wa jibun no namae de sura kakenai/ kakemasen.

ではあるまいか (dewa aru mai ka): I wonder if it's not

Meaning:
I wonder if it's not… (Other expression のではないだろうか / のではないでしょうか [polite]）

Formation:
Verb-casual + のではあるまいか
Noun + ではあるまいか
な adj + ではあるまいか

日本語 / にほんご / Japanese
(1) 彼は場所を間違えたのではあるまいか / ないでしょうか。
(2) 彼女は私と別れたいのではあるまいか / ないでしょうか。
(3) 彼女は私のことを本当は信じていないのではあるまいか / ないでしょうか。
(4) この値段は高すぎるのではあるまいか / ないでしょうか。
(5) 彼が私のことを裏切ったのではあるまいかと私は考え始めていた / 考え始めていました。
(6) 娘が家出したのではあるまいかと私は心配になった / 心配になりました。

ことばと表現 / Words & Expressions
別れる【わかれる】to break up
裏切る【うらぎる】to betray
家出する【いえでする】to run away

英語 / えいご / English
(1) I wonder if he might be in a wrong place.
(2) I wonder if she wants to break up with me.
(3) I wonder if she doesn't truly believe in me.
(4) I wonder if this price is too expensive.
(5) I was thinking that he might have betrayed me.
(6) I was beginning to fear if my daughter had run away.

ひらがな / Hiragana
(1) かれは ばしょを まちがえたのではあるまいか / ないでしょうか。
(2) かのじょは わたしと わかれたいのではあるまいか / ないでしょうか。
(3) かのじょは わたしのことを ほんとうは しんじていないのではあるまいか / ないでしょうか。
(4) このねだんは たかすぎるのではあるまいか / ないでしょうか。
(5) かれが わたしのことを うらぎったのではあるまいかと わたしは かんがえはじめていた / かんがえはじめていました。

(6) むすめが いえでしたのではあるまいかと わたしは しんぱいになった / しんぱいになりました。

ローマ字 / Roman letters

(1) Kare wa basho o machigaeta nodewa arumaika/ naideshôka.

(2) Kanojo wa watashi to wakaretai nodewa arumai ka/ naideshô ka.

(3) Kanojo wa watashi no koto o hontô wa shinjite inai nodewa arumaika/ naideshôka.

(4) Kono nedan wa taka sugiru nodewa arumaika/ naideshôka.

(5) Kare ga watashi no koto o uragitta node wa arumai ka to watashi wa kangae hajimete ita/ kangae hajimete imashita.

(6) Musume ga iede shita node wa arumai ka to watashi wa shinpai ni natta/ shinpai ni narimashita.

ではあるまいし (dewa aru mai shi): it's not like, it isn't as if

Meaning:
it's not like; it isn't as if

Formation:
Verb-dictionary form + のではあるまいし
Verb-casual, past + のではあるまいし
Noun + ではあるまいし / じゃあるまいし

日本語 / にほんご / Japanese
(1) 世界が終わるのではあるまいし、元気を出してください！
(2) あなたが悪かったのではあるまいし、自分を責める必要はない　/　必要はありません。
(3) 富豪ではあるまいし、ソファに２００万円なんて払えない　/　払えません。
(4) 子供ではあるまいし、人に起こされないで自分で起きなさい。
(5) 彼は子供ではあるいまいし、暗いところが怖いなんて、信じられない　/　信じられません。
(6) ドラマではあるまいし、転校生の席が自分の隣になるなんて、信じられない　/　信じられません。

ことばと表現 / Words & Expressions
元気を出す【げんきをだす】to cheer up
富豪【ふごう】millionaire
転校生【てんこうせい】new classmate

英語 / えいご / English
(1) It's not like the world is going to end. Please cheer up!
(2) It's not like you were bad or anything, so you don't have to beat yourself up.
(3) I am not a millionaire and cannot pay 2 million yen for the sofa.
(4) Do not be a child, do not get awakened by others and get up on your own.
(5) He's not a kid, I can't believe that he's scared of dark places.
(6) It is not a drama, I can not believe that the seat of a new classmate is next to me.

ひらがな / Hiragana
(1) せかいが おわるのではあるまいし、げんきを だしてください！
(2) あなたが わるかったのではあるまいし、じぶんを せめるひつようはない ／ ひつようはありません。
(3) ふごうではあるまいし、そふぁに にひゃくまんえんなんてはらえない ／ はらえません。
(4) こどもではあるまいし、ひとに おこされないで じぶんで おきなさい。

(5) かれは　こどもではあるいまいし、くらいところが こわいなんて、しんじられない　/　しんじられません。
(6) ドラマではあるまいし、てんこうせいのせきが じぶんの　となりになるなんて、しんじられない　/ しんじられません。

ローマ字　/ Roman letters
(1) Sekai ga owaru node wa'arumaishi, genki o dashite kudasai!
(2) Anata ga warukatta nodewa arumaishi, jibun o semeru hitsuyô wanai/ hitsuyou wa arimasen.
(3) Fugô dewa arumaishi, sofâ ni nihyaku man-en nante haraenai/ haraemasen.
(4) Kodomo dewa arumaishi, hito ni okosa renaide jibun de oki nasai.
(5) Karewa kodomode wa aruimaishi, kurai tokoro ga kowai nante, shinjirarenai/ shinji raremasen.
(6) Dorama dewa arumaishi, tenkôsei no seki ga jibun no tonari ni naru nante, shinjirarenai/ shinji raremasen.

ではすまない (dewa sumanai): it doesn't end with just

Meaning:

have no choice, it doesn't end with just…, must be done

Formation:

Noun + ではすまない / ではすまされない

Verb-casual + ではすまない / ではすまされない

日本語 / にほんご / Japanese

(1)> 交通違反を犯したら罰金を払わないではすまない　/ すまされません。

(2) 入国管理局に行きたくないが行かないではすまない / すまされません。

(3) 市長はとても怒っている。私たちは謝罪なしではすまない　/　すまされません。

(4) お金がないが新しい教科書を買わないではすまない / すまされません。

(5) 君が彼女に言ったことは、冗談では済まされない　/ 済まされません。

(6) それはごめんなさいでは済まされない問題だ　/　問題です。

ことばと表現 / Words & Expressions
交通違反【こうつういはん】traffic violation
罰金【ばっきん】fine
入国管理局【にゅうこくかんりきょく】immigration

英語 / えいご / English
(1) If you commit a traffic violation, you have no choice to pay a fine.
(2) I don't want to immigration but I have no choice to go.
(3) The mayor is very angry! We have no choice to apologize to her.
(4) I don't have enough money but I have no choice to buy a new textbook.
(5) What you said to her isn't accepted as a joke.
(6) That is an issue which can't be excused with sorry.

ひらがな / Hiragana
(1) こうつういはんを おかしたら ばっきんを はらわないではすまない ／ すまされません。
(2) にゅうこくかんりきょくに いきたくないが いかないではすまない ／ すまされません。
(3) しちょうは とても おこっている。わたしたちは しゃざいなしではすまない ／ すまされません。

(4) おかねが ないが あたらしい きょうかしょを かわないではすまない ／ すまされません。

(5) きみが かのじょに いったことは、じょうだんではすまされない ／ すまされません。

(6) それは ごめんなさいではすまされない もんだいだ ／ もんだいです。

ローマ字 / Roman letters

(1) Kôtsû ihan o okashitara bakkin o harawanai dewa sumanai/ sumasa remasen.

(2) Nyûkoku kanri-kyoku ni ikitakunaiga ikanai dewa sumanai/ sumasaremasen.

(3) Shichô wa totemo okotteiru. Watashitachi wa shazai nashi dewa sumanai/ sumasa remasen.

(4) Okane ga nai ga atarashî kyôkasho o kawanai dewa sumanai/ sumasa remasen.

(5) Kimi ga kanojo ni itta koto wa, jôdan dewa sumasa renai/ sumasa remasen.

(6) Sore wa gomen'nasai dewa sumasa renai mondai da / mondai desu.

どうにも〜ない (dou nimo~nai): not … by any means

Meaning:
not … by any means; no matter how hard one tries, cannot…

Formation:
どうにも + Verb- ない form

日本語 / にほんご / Japanese
(1) 私はこれがどうにも理解できない / 理解できません。
(2) 私はこの場所ではどうにも勉強に集中できない / 集中できません。
(3) 彼女が亡くなったことをどうにも信じられない / 信じられません。
(4) これは彼らではどうにもできない問題だ / 問題です。
(5) 社長は激怒していてどうにもならない / どうにもなりません。
(6) 情勢は政府の力ではどうにもならなくなった / どうにもならなくなりました。

ことばと表現 / Words & Expressions
に集中する【にしゅうちゅうする】to concentrate on
激怒して【げきどして】in one's rage

英語 / えいご / English

(1) I can't understand this.

(2) I can not concentrate on my study at all in this place.

(3) I can not believe at all that she passed away.

(4) That's a problem they can't do anything about

(5) The president is helpless in his rage.

(6) The situation got out of the government's control.

ひらがな / Hiragana

(1) わたしは これが どうにも りかいできない / りかいできません。

(2) わたしは このばしょでは どうにも べんきょうに しゅうちゅうできない / しゅうちゅうできません。

(3) かのじょが なくなったことを どうにも しんじられない / しんじられません。

(4) これは かれらでは どうにもできない もんだいだ / もんだいです。

(5) しゃちょうは げきどしていて どうにもならない / どうにもなりません。

(6) じょうせいは せいふのちからでは どうにもならなくなった / どうにもならなくなりました。

ローマ字 / Roman letters

(1) Watashi wa kore ga dônimo rikaidekinai/ rikai dekimasen.

(2) Watashi wa kono bashode wa dônimo benkyô ni shûchû dekinai/ shûchû dekimasen.

(3) Kanojo ga nakunatta koto o dônimo shinjirarenai/ shinji raremasen.

(4) Kore wa karerade wa dônimo dekinai mondaida/ mondaidesu.

(5) Shachô wa gekido shite ite dônimo naranai/ dônimo narimasen.

(6) Jousei wa seifu no chikara dewa dônimo naranaku natta/ dônimo naranaku narimashita.

ふと (futo): accidentally, unexpectedly

Meaning:
suddenly; accidentally; unexpectedly; unintentionally

Formation:
ふと + action

日本語 / にほんご / Japanese
(1) 私はふと足を止めた　/　止めました。
(2) 高校時代の友人に街でふと会った　/　会いました。
(3) 試行錯誤の末、彼は正しい答えをふと思いついた　/　思いつきました。
(4) すばらしい考えがふと心に浮かんだ　/　浮かびました。
(5) 彼女こそ適任者であるという考えがふと心に浮かんだ　/　浮かびました。
(6) 私は電車の中に鞄を忘れたことをふと思い出した　/　思い出しました。

ことばと表現 / Words & Expressions
試行錯誤【しこうさくご】trial and error
適任者【てきにんしゃ】the right person

英語 / えいご / English
(1) Suddenly, my feet stopped.
(2) I met an old friend in high school days on the street by chance.
(3) Through trial and error, he found the right answer by chance.
(4) A bright idea occurred to me.
(5) It occurred to me that she was the right person.
(6) It occurred to me that I had left my bag on the train.

ひらがな / Hiragana
(1) わたしは ふと あしを とめた / とめました。
(2) こうこうじだいの ゆうじんに まちで ふと あった / あいました。
(3) しこうさくごの すえ、かれは ただしい こたえを ふと おもいついた / おもいつきました。
(4) すばらしい かんがえが ふと こころにうかんだ / うかびました。
(5) かのじょこそ てきにんしゃであるというかんがえが ふと こころにうかんだ / うかびました。
(6) わたしは でんしゃのなかに かばんを わすれたことを ふと おもいだした / おもいだしました。

ローマ字　/ Roman letters

(1) Watashi wa futo ashi o tometa/ tomemashita.

(2) Kôkô jidai no yûjin ni machi de futo atta/ aimashita.

(3) Shikôsakugo no sue, kare wa tadashî kotae o futo omoitsuita/ omoitsukimashita.

(4) Subarashî kangae ga futo kokoro ni ukanda/ ukabimashita.

(5) Kanojo koso tekinin-shadearu to iu kangae ga futo kokoro ni ukanda/ ukabimashita.

(6) Watashi wa densha no naka ni kaban o wasureta koto o futo omoidashita/ omoidashimashita.

がてら (gatera): on the same occasion

Meaning:
on the same occasion; at the same time; coincidentally

Formation:
Verb- ます stem + がてら
Noun + がてら

日本語 / にほんご / Japanese
(1) 散歩がてら夕食用の買い物をしてくる　/　買い物をしてきます。
(2) ショッピングモールで買い物がてら、昼ご飯もそこで食べよう　/　食べましょう。
(3) ドライブがてら、新しいラーメン屋で夕食を食べよう　/　食べましょう。
(4) 桜を見がてら隣の駅まで歩いた　/　歩きました。
(5) 京都へ観光に行きがてら、そこに住む昔の友達にも会ってくる　/　会ってきます。
(6) 友達を駅まで送りがてら美術館を訪ねてきた　/　訪ねてきました。

ことばと表現 / Words & Expressions
を送る【おくる】to drop someone off

英語 / えいご / English

(1) I am going for a walk and shopping for dinner.
(2) While we go shopping at the mall, let's have lunch there.
(3) While we take a drive, let's have dinner with a new noodle shop.
(4) I walked to the next station while enjoying the cherry blossoms.
(5) I am going to sightseeing in Kyoto and see my old friend who lives there.
(6) I dropped my friend off at the station and also visited the art museum.

ひらがな / Hiragana

(1) さんぽがてら　ゆうしょくようの　かいものを　してくる　/　かいものを　してきます。
(2) しょっぴんぐもーるで　かいものがてら、ひるごはんも　そこで　たべよう　/　たべましょう。
(3) どらいぶ　がてら、あたらしい　らーめんやで　ゆうしょくを　たべよう　/　たべましょう。
(4) さくらをみがてら　となりのえきまで　あるいた　/　あるきました。
(5) きょうとへ　かんこうに　いきがてら、そこに　すむ　むかしの　ともだちにも　あってくる　/　あってきます。
(6) ともだちを　えきまで　おくりがてら　びじゅつかんを　たずねてきた　/　たずねてきました。

ローマ字　/ Roman letters

(1) Sanpo gatera yûshoku-yô no kaimono o shite kuru/ kaimono o shite kimasu.

(2) Shoppingumôru de kaimono gatera, hiru gohan mo soko de tabeyô/ tabemashô.

(3) Doraibu gatera, atarashî râmen-ya de yûshoku o tabeyô/ tabemashô.

(4) Sakura o mi gatera tonari no eki made aruita/ arukimashita.

(5) Kyôto e kankô ni iki gatera, soko ni sumu mukashi no tomodachi ni mo atte kuru/ kai tte kimasu.

(6) Tomodachi o eki made okuri gatera bijutsukan o tazunete kita/ tazunete kimashita.

が早いか (ga hayai ka): as soon as

Meaning:
as soon as

Formation:
Verb-dictionary form + が早いか

日本語 / にほんご / Japanese
(1) 私を見るが早いか、弟は逃げた　/　逃げました。
(2) 目的地に着くが早いか、私は彼に電話した　/　電話しました。
(3) わたしを見つけるが早いか、彼は話し始めた　/　話し始めました。
(4) 手紙を取り上げるが早いか、彼女は封を切った　/　切りました。
(5) キッチンに入って来るが早いか、彼女はコーヒーを作り始めた　/　作り始めました。
(6) ベルが鳴るが早いか、生徒たちは教室を出ていった　/　出ていきました。

ことばと表現 / Words & Expressions
鳴る【なる】to ring

英語 / えいご / English

(1) As soon as my younger brother saw me, he ran away.
(2) As soon as I arrived at the destination, I called him.
(3) As soon as he found me, he started talking.
(4) As soon as she snatched the letter she tore it open.
(5) As soon as she enters the kitchen, she started making coffee.
(6) As soon as the bell rang, the students left the classroom.

ひらがな / Hiragana

(1) わたしを　みるがはやいか、おとうとは　にげた　/ にげました。
(2) もくてきちに　つくがはやいか、わたしは　かれに　でんわした　/　でんわしました。
(3) わたしを　みつけるがはやいか、かれは　はなしはじめた　/　はなしはじめました。
(4) てがみを　とりあげるがはやいか、かのじょは　ふうをきった　/　きりました。
(5) きっちんに　はいってくるがはやいか、かのじょは　こーひーを　つくりはじめた　/　つくりはじめました。
(6) べるが　なるがはやいか、せいとたちは　きょうしつを　でていった　/　でていきました。

ローマ字 / Roman letters

(1) Watashi o miru ga hayaika, otôto wa nigeta/ nigemashita.

(2) Mokutekichi ni tsuku ga hayaika, watashi wa kare ni denwa shita/ denwa shimashita.

(3) Watashi o mitsukeru ga hayaika, kare wa hanashi hajimeta/ hanashi hajimemashita.

(4) Tegami o toriageru ga hayaika, kanojo wa fû o kitta/ kirimashita.

(5) Kitchin ni haitte kuru ga hayaika, kanojo wa kôhî o tsukuri hajimeta/ tsukuri hajimemashita.

(6) Beru ga naru ga hayaika, seito-tachi wa kyôshitsu o dete itta/ dete ikimashita.

が最後 (ga saigo): once something occurs, something else happens

Meaning:
once something occurs, something else happens

Formation:
Verb-casual, past + が最後 / ら最後

日本語 / にほんご / Japanese
(1) 契約書にサインしたが最後、約束を守らねばならない　/　守らねばなりません。
(2) 奥さんは、いったん寝たが最後、朝まで起きない　/　起きません。
(3) あの同僚はお酒を飲んだが最後、倒れるまで飲み続ける　/　飲み続けます。
(4) 兄は食べ始めたら最後、皿の料理をすべて食べ切る　/　食べ切ります。
(5) あの国に入国したら最後、もう帰国できない　/　帰国できません。
(6) 食べ出したら最後、おいしくて止まらなかった　/　止まりませんでした。

ことばと表現 / Words & Expressions
契約書【けいやくしょ】contract

英語 / えいご / English

(1) Once you sign the contract, you must keep your promise.
(2) Once my wife falls asleep, she doesn't wake up until morning.
(3) Once that colleague drinks, he continues to drink until he drops.
(4) Once my older brother stars to eat, he finishes all the dishes.
(5) Once you enter that country, you never go out.
(6) It was so delicious that once I started eating, I couldn't stop.

ひらがな / Hiragana

(1) けいやくしょに　さいんしたがさいご、やくそくを まもらねばならない　／　まもらねばなりません。
(2) おくさんは、いったん　ねたが　さいご、あさまで おきない　／　おきません。
(3) あのどうりょうは　おさけを　のんだらさいご、た おれるまで　のみつづける　／　のみつづけます。
(4) あには　たべはじめたがさいご、さらの　りょうり を　すべて　たべきる　／　たべきります。
(5) あのくにに　にゅうこくしたがさいご、もう　きこ くできない　／　きこくできません。
(6) たべだしたがさいご、おいしくて　とまらなかった ／　とまりませんでした。

ローマ字　/ Roman letters

(1) Keiyakusho ni sain shitaga saigo, yakusoku o mamoraneba naranai/ mamoraneba narimasen.

(2) Okusan wa, ittan netaga saigo, asamade okinai/ okimasen.

(3) Ano dôryô wa o sake o nondara saigo, taoreru made nomi tsudzukeru/ nomi tsudzukemasu.

(4) Ani wa tabe hajimetaga saigo, sara no ryôri o subete tabe kiru/ tabe kirimasu.

(5) Ano kuni ni nyûkoku shitaga saigo, mô kikoku dekinai/ kikoku dekimasen.

(6) Tabe dashitaga saigo, oishikute tomaranakatta/ tomarimasendeshita.

ごとき / ごとく (gotoki/gotoku): like, as if

Meaning:
like; as if; the same as

Formation:
Verb-casual + ごとく
Noun + のごとく / ごとき

日本語 / にほんご / Japanese
(1) 彼はイルカのごとく泳げる / 泳げます。
(2) 妻は死人のごとく眠っている / 眠っています。
(3) 彼は風のごとくやってきて、またどこかへ行った / 行きました。
(4) 彼は彗星のごとく、芸能界に突然デビューした / デビューしました。
(5) 君ごとき若者に、わたしは負けない / 負けません。
(6) 私ごとき未熟者が社長を務めるのは難しい / 難しいです。

ことばと表現 / Words & Expressions
死人【しにん】dead person
彗星【すいせい】comet
芸能界【げいのうかい】the show business
未熟者【みじゅくもの】someone with no experience

英語 / えいご / English
(1) He can swim like a dolphin.
(2) My wife sleeps like a dead person.
(3) He came like wind and went away again somewhere.
(4) He made his debut in the show business suddenly like a comet.
(5) I won't lose to a youngster like you.
(6) It is difficult to be a president for someone with no experience like me.

ひらがな / Hiragana
(1) かれは いるかのごとく およげる / およげます。
(2) つまは しにんのごとく ねむっている / ねむっています。
(3) かれは かぜのごとく やってきて、また どこかへ いった / いきました。
(4) かれは すいせいのごとく、げいのうかいに とつぜん でびゅーした / でびゅーしました。
(5) きみごとき わかものに、わたしは まけない / まけません。
(6) わたしごとき みじゅくものが しゃちょうを つとめるのは むずかしい / むずかしいです。

ローマ字 / Roman letters

(1) Kare wa iruka no gotoku oyogeru/ oyogemasu.

(2) Tsuma wa shinin no gotoku nemutte iru/ nemutte imasu.

(3) Kare wa kaze no gotoku yattekite, mata doko ka e itta/ ikimashita.

(4) Kare wa suisei no gotoku, geinô-kai ni totsuzen debyû shita/ debyû shimashita.

(5) Kimi gotoki wakamono ni, watashi wa makenai/ makemasen.

(6) Watashi gotoki mijukumono ga shachô o tsutomeru no wa muzukashî/ muzukashîdesu.

ぐるみ (gurumi): together with, all of

Meaning:
(together) with,-wide, all of A, the entire A

Formation:
Noun + ぐるみ

日本語 / にほんご / Japanese
(1) そのお祭りは、毎年町ぐるみで行われる / 行われています。
(2) 町ぐるみで自然環境の保全に努めている / 努めています。
(3) 元旦には家族ぐるみで初日の出を見る / 見ます。
(4) 会社ぐるみで不正を認識していた / 認識していました。
(5) あの事件は組織ぐるみでの犯行だった / 犯行でした。
(6) あの土地は家ぐるみで2000万円する / 2000万円します。

ことばと表現 / Words & Expressions
自然環境【しぜんかんきょう】natural environment
保全する【ほぜんする】to protect
元旦【がんたん】New Year's Day
初日の出【はつひので】the first sunrise
不正【ふせい】foul play

英語 / えいご / English

(1) That festival is held every year by the entire town.
(2) The entire town is striving together to protect its natural environment.
(3) My whole family see the first sunrise on New Year's Day.
(4) The whole organization was aware of the foul play.
(5) That incident was a crime committed by the whole organization.
(6) That land costs 20 million yen in total including the house.

ひらがな / Hiragana

(1) そのおまつりは、まいとし まちぐるみで おこなわれる / おこなわれています。
(2) まちぐるみで しぜんかんきょうのほぜん につとめている / つとめています。
(3) がんたんには かぞくぐるみで はつひのでをみる / みます。
(4) かいしゃぐるみで ふせいを にんしきしていた / にんしきしていました。
(5) あのじけんは そしきぐるみでの はんこうだった / はんこうでした。
(6) あのとちは いえぐるみで にせんまんえんする / にせんまんえんします。

ローマ字 / Roman letters

(1) Sono o matsuri wa, maitoshi machi gurumi de okonawa reru/ okonawa rete imasu.

(2) Machi gurumi de shizen kankyô no hozen ni tsutomete iru/ tsutomete imasu.

(3) Gantan ni wa kazoku-gurumi de hatsuhinode o miru/ mimasu.

(4) Kaisha gurumi de fusei o ninshiki shite ita/ ninshiki shite imashita.

(5) Ano jiken wa soshiki gurumi de no hankô datta/ hankô deshita.

(6) Ano tochi wa ie gurumi de nisen man-en suru/ nisen man-en shimasu.

羽目になる (hame ni naru): to end up with (something unpleasant)

Meaning:

to end up with (something unpleasant)

Formation:

Verb-dictionary form + 羽目になる

日本語 / にほんご / Japanese

(1) 結局、私は新しい車を買う羽目になった / 羽目になりました。

(2) 終電を逃してしまったので、私は歩いて帰る羽目になった / 羽目になりました。

(3) うっかりしてデータを消してしまったので、私はもう一度入力する羽目になった / 羽目になりました。

(4) 新規契約を取れなかったので、私は北海道に左遷される羽目になった / 羽目になりました。

(5) 冬場に暖かい格好をしていないと、結局ひどい風邪をひく羽目になる / 羽目になります。

(6) もし断食をこのまま続けたら、あなたは入院する羽目になる / 羽目になります。

ことばと表現 / Words & Expressions
結局【けっきょく】eventually
左遷される【させんされる】to be relegated
断食【だんじき】fasting

英語 / えいご / English
(1) I eventually wound up buying a new car.
(2) Since I missed the last train. so I had to walk home.
(3) I inadvertently deleted the data, so I had to do it again.
(4) Since I could not get a new contract, I was relegated to Hokkaido.
(5) Not dressing warmly in winter can result in catching a bad cold.
(6) If you continue fasting like this, you will end up in the hospital.

ひらがな / Hiragana
(1) けっきょく、わたしは あたらしい くるまを かうはめになった ／ はめになりました。
(2) しゅうでんを のがしてしまったので、わたしは あるいてかえるはめになった ／ はめになりました。
(3) うっかりして でーたを けしてしまったので、わたしは もういちど にゅうりょくするはめになった ／

はめになりました。
(4) しんきけいやくを　とれなかったので、わたしは　ほっかいどうに　させんされるはめになった　/　はめになりました。
(5) ふゆばに　あたたかい　かっこうをしていないと、けっきょく　ひどい　かぜをひくはめになる　/　はめになります。
(6) もし　だんじきを　このまま　つづけたら、あなたは　にゅういんするはめになる　/　はめになります。

ローマ字　/ Roman letters

(1) Kekkyoku, watashi wa atarashî kuruma o kau hame ni natta/ hame ni narimashita.

(2) Shûden o nogashite shimattanode, watashi wa aruite kaeru hame ni natta/ hame ni narimashita.

(3) Ukkari shite dêta o keshite shimattanode, watashi wa môichido nyûryoku suru hame ni natta/ hame ni narimashita.

(4) Shinki keiyaku o torenakattanode, watashi wa Hokkaidô ni sasen sa reru hame ni natta/ hame ni narimashita.

(5) Fuyuba ni attakai kakkô o shite inai to, kekkyoku hidoi kaze o hiku hame ni naru/ hame ni narimasu.

(6) Moshi danjiki o konomama tsudzuketara, anata wa nyûin suru hame ni naru/ hame ni narimasu.

ひとつ (hitotsu): to give something a try

Meaning:
to give something a try

Formation:
ひとつ + Verb

日本語 / にほんご / Japanese
(1) ひとつ、やってみよう / やってみましょう。
(2) ひとつ、ヨガをやってみよう / やってみましょう。
(3) ひとつ、そのアイデアを試してみよう / 試してみましょう。
(4) ひとつ、その新しい事業を試してみよう / 試してみましょう。
(5) ひとつ、彼女にもう一度チャンスを与えてみよう / 与えてみましょう。
(6) ひとつ、この宝石を見てください / ご覧ください。
(honorific expression/ 敬語 けいご)

ことばと表現 / Words & Expressions
事業【じぎょう】venture

英語 / えいご / English

(1) I will give it a try.

(2) I'll give yoga a try.

(3) I'll give the idea a try.

(4) I'll give a new venture a try.

(5) Let's give her one more chance to try.

(6) Please take a look at this jewel.

ひらがな / Hiragana

(1) ひとつ、やってみよう / やってみましょう。

(2) ひとつ、よがを やってみよう / やってみましょう。

(3) ひとつ、そのあいであを ためしてみよう / ためしてみましょう。

(4) ひとつ、そのあたらしい じぎょうを ためしてみよう / ためしてみましょう。

(5) ひとつ、かのじょに もういちど ちゃんすを あたえてみよう / あたえてみましょう。

(6) ひとつ、このほうせきを みてください / ごらんください。(honorific expression / けいご)

ローマ字 / Roman letters

(1) Hitotsu, yatte miyô/ yatte mimashô.

(2) Hitotsu, yoga o yatte miyô/ yatte mimashô.

(3) Hitotsu, sono aidea o tameshite miyô/ tameshite mimashô.

(4) Hitotsu, sono atarashî jigyô o tameshite miyô/ tameshite mimashô.

(5) Hitotsu, kanojo ni môichido chansu o ataete miyô/ ataete mimashô.

(6) Hitotsu, kono hôseki o mitekudasai/ goran kudasai.

ほどのことはない (hodo no koto wa nai): not worth, no need to

Meaning:
not worth; no need to

Formation:
Verb-dictionary form + ほどのことはない

日本語 / にほんご / Japanese
(1) それは悲しむほどのことはない　/　悲しむほどのことはありません。
(2) それは驚くほどのことはない　/　驚くほどのことはありません。
(3) その新しいレストランは行くほどのことはない　/　行くほどのことはありません。
(4) 弟のことはほとんど心配するほどのことはない　/　心配するほどのことはありません。
(5) 間違い電話は目くじらを立てるほどのことはない　/　目くじらを立てるほどのことはありません。
(6) 彼の提案は再び議論するほどのことはない　/　議論するほどのことはありません。

ことばと表現 / Words & Expressions
間違い電話【まちがいでんわ】wrong number
目くじらを立てる【まちがいでんわ】to get angry about

英語 / えいご / English
(1) That isn't something to be sad about.
(2) That is not something to be surprised about.
(3) It's hardly worthwhile going to the new restaurant.
(4) It's hardly worthwhile worrying about my younger brother.
(5) A wrong number is not something to get angry about.
(6) His proposal is not worth discussing again.

ひらがな / Hiragana
(1) それは　かなしむほどのことはない　/　かなしむほどのことはありません。
(2) それは　おどろくほどのことはない　/　おどろくほどのことはありません。
(3) その　あたらしい　れすとらんは　ほとんど　いくほどのことはない　/　いくほどのことはありません。
(4) おとうとのことは　ほとんど　しんぱいするほどのことはない　/　しんぱいするほどのことはありません。
(5) まちがいでんわは　めくじらを　たてるほどのことはない　/　めくじらを　たてるほどのことはありません。
(6) かれの　ていあんは　ふたたび　ぎろんするほどのことはない　/　ぎろんするほどのことはありません。

ローマ字 / Roman letters

(1) Sore wa kanashimu hodo no koto wanai/ kanashimu hodo no koto wa arimasen.

(2) Sore wa odoroku hodo no koto wanai/ odoroku hodo no koto wa arimasen.

(3) Sono atarashî resutoran wa iku hodo nokoto wanai/ iku hodo no koto wa arimasen.

(4) Otôto no koto wa hotondo shinpai suru hodo no koto wanai/ shinpai suru hodo no koto wa arimasen.

(5) Machigai denwa wa mekujira o tateru hodo no koto wanai/ mekujira o tateru hodo no koto wa arimasen.

(6) Kare no teian wa futatabi giron suru hodo no koto wanai/ giron suru hodo nokoto wa arimasen.

ほかに〜ない (hoka ni~nai): no other

Meaning:
no other; nothing else

Formation:
ほかに + Verb- ない form

日本語 / にほんご / Japanese
(1) 私はほかに息子はいない / 息子はいません。
(2) ほかに取るべき手段はない / 手段はありません。
(3) 駅までほかに近道はない / 近道はありません。
(4) 私たちはほかに何も食べる物がない / 食べるものがありません。
(5) ほかに言うことはなかった / 言うことはありませんでした。
(6) その日、会社には社長のほかに誰もいなかった / 誰もいませんでした。

ことばと表現 / Words & Expressions
手段【しゅだん】means
近道【ちかみち】shortcut

英語 / えいご / English

(1) I have no other son.
(2) There is no other means.
(3) There are no other shortcuts to the station.
(4) We have nothing else to eat.
(5) There was nothing else to say.
(6) On that day, there was no one other than the president in the company.

ひらがな / Hiragana

(1) わたしは ほかに むすこは いない / むすこはいません。
(2) ほかに とるべき しゅだんは ない / しゅだんはありません。
(3) えきまで ほかに ちかみちは ない / ちかみちはありません。
(4) わたしたちは ほかに なにも たべるものがない / たべるものがありません。
(5) ほかに いうことは なかった / いうことは ありませんでした。
(6) そのひ、かいしゃには しゃちょうのほかに だれもいなかった / だれもいませんでした。

ローマ字 / Roman letters

(1) Watashi wa hoka ni musuko wa inai/ musuko wa imasen.

(2) Hoka ni torubeki shudan wanai/ shudan wa arimasen.

(3) Eki made hoka ni chikamichi wanai/ chikamichi wa arimasen.

(4) Watashitachi wa hoka ni nani mo taberu mono ga nai/ taberu mono ga arimasen.

(5) Hoka ni iu koto wa nakatta/ iu koto wa arimasendeshita.

(6) Sonohi, kaisha ni wa shachô no hoka ni dare mo inakatta/ dare mo imasendeshita.

ほうがましだ (hou ga mashi da): I would rather

Meaning:
would rather

Formation:
Verb-casual + ほうがましだ

日本語 / にほんご / Japanese
(1) 降参するくらいなら、死んだほうがましだ / 死んだほうがましです。
(2) 恥をかくぐらいなら、死んだほうがましだ / 死んだほうがましです。
(3) これを姉にあげるくらいなら、捨てたほうがましだ / 捨てたほうがましです。
(4) あなたと結婚するくらいなら、独身でいる方がましだ / 独身でいる方がましです。
(5) ここで諦めるくらいなら、続ける方がましだ / 続ける方がましです。
(6) こんな天気の中を出かけるよりは、家にいる方がましだ / 家にいる方がましです。

ことばと表現 / Words & Expressions
降参する【こうさんする】to surrender
恥をかく【はじをかく】to disgrace oneself
独身でいる【どくしんでいる】to stay single

英語 / えいご / English
(1) I would rather die than surrender.
(2) I would rather die than disgrace myself.
(3) I'd rather throw it away than give it to my older sister.
(4) I would rather stay single than marry you.
(5) I would rather continue studying Japanese than give up here.
(6) I'd rather stay home than go out in this weather.

ひらがな / Hiragana
(1) こうさん するくらいなら、しんだほうがましだ / しんだほうがましです。
(2) はじを かくぐらいなら しんだほうがましだ / しんだほうがましです。
(3) これを あねに あげるくらいなら、すてたほうがましだ / すてたほうがましです。
(4) あなたと けっこん するくらいなら、どくしんでいるほうがましだ / どくしんでいるほうがましです。
(5) ここで あきらめるくらいなら、つづけるほうがましだ / つづけるほうがましです。
(6) こんな てんきの なかを でかけるよりは、いえにい

るほうがましだ / いえにいるほうがましです。

ローマ字 / Roman letters

(1) Kôsan suru kurainara, shinda hô ga mashida/ shinda hô ga mashidesu.

(2) Haji o kaku gurainara, shinda hô ga mashida/ shinda hô ga mashidesu.

(3) Kore o ane ni ageru kurainara, suteta hô ga mashida/ suteta hô ga mashidesu.

(4) Anata to kekkon suru kurainara, dokushin de iru hô ga mashida/ dokushin de iru hô ga mashidesu.

(5) Koko de akirameru kurainara, tsudzukeru hô ga mashida/ tsuzukeru hô ga mashidesu.

(6) Kon'na tenki no naka o dekakeru yori wa ie ni iru hô ga mashida/ ie ni iru hô ga mashidesu.

いかなる (ikanaru): any kind of

Meaning:
any kind of, whatever...

Formation:
いかなる + Noun

日本語 / にほんご / Japanese
(1) それはいかなる料理にも合う / 合います。
(2) 私たちはいかなる違法行為にも関与していない / 関与していません。
(3) いかなる非常時でも父は頼りになる / 頼りになります。
(4) 私たちはいかなる犠牲をはらっても目標を達成しなければならない / 達成しなければなりません。
(5) 私たちはいかなる状況にも持ちこたえる準備をしなければならない / 準備をしなければなりません。
(6) いかなる国においても核実験を禁止するよう私たちは国連に訴えた / 訴えました。

ことばと表現 / Words & Expressions
に合う【にあう】to go well with
違法行為【いほうこうい】illegal activity
非常時【ひじょうじ】emergency
持ちこたえる【もちこたえる】to withstand

核実験【かくじっけん】nuclear test
国連 (国際連合)【こくれん（こくさいれんごう）】
the United Nations

英語 / えいご / English
(1) It goes well with any kind of cooking.
(2) We aren't involved in any sort of illegal activity.
(3) I can always count on my father in any emergency.
(4) We must achieve our aim at any price.
(5) We must make preparations that can withstand any situation.
(6) We appealed to the United Nations to ban nuclear tests in any country.

ひらがな / Hiragana
(1) それは いかなる りょうりにも あう / あいます。
(2) わたしたちは いかなる いほうこういにも かんよ して いない / かんよ していません。
(3) いかなる ひじょうじでも ちちは たよりになる / たよりになります。
(4) わたしたちは いかなる ぎせいを はらっても もくひょうを たっせいしなければならない / たっせいしなければなりません。
(5) わたしたちは いかなる じょうきょうにも もちこたえる じゅんびを しなければならない / じゅんびを しなければなりません。

(6) いかなるくににおいても かくじっけんをきんしするよう わたしたちはこくれんに うったえた / うったえました。

ローマ字 / Roman letters

(1) Sore wa ikanaru ryôri ni mo au/ aimasu.
(2) Watashitachi wa ikanaru ihô kôi ni mo kan'yo shite inai/ kan'yo shite imasen.
(3) Ikanaru hijôji demo chichi wa tayorininaru/ tayori ni narimasu.
(4) Watashitachi wa ikanaru gisei o haratte mo mokuhyô o tassei shinakereba naranai/ tassei shinakereba narimasen.
(5) Watashitachi wa ikanaru jôkyô nimo mochikotaeru junbi o shinakereba naranai/ junbi o shinakereba narimasen.
(6) Ikanaru kuni ni oite mo kaku jikken o kinshi suru yô watashitachi wa Kokuren ni uttaeta/ uttaemashita.

いかんでは / いかんによっては (ikan dewa/ ikan ni yotte wa): depending on

Meaning:
depending on

Formation:
Noun + いかんだ / いかんで（は）/ いかんによって（は）

日本語 / にほんご / Japanese
(1) 彼女の気分は天気いかんで変わる / 変わります。
(2) 注文数いかんで値段は変わる / 変わります。
(3) 重さや個数いかんで料金は変わる / 変わります。
(4) 飛行機代やホテル代は時期いかんによって大きく変動する / 変動します。
(5) 私の残業時間は仕事の内容いかんによって変動する / 変動します。
(6) 次回の交渉いかんによって民族紛争になるかもしれない / なるかもしれません。

ことばと表現 / Words & Expressions
注文数【ちゅうもんすう】the number of orders
民族紛争【みんぞくふんそう】ethnic conflicts

英語 / えいご / English

(1) Her moods vary depending on the weather.
(2) The price changes depending on the number of orders.
(3) The price differs depending on weight and quantity.
(4) Flight charges and hotel fees change greatly depending on the season.
(5) My overtime schedule changes depending on the content of the work.
(6) It may be breaking up the ethnic conflicts depends on next negotiation.

ひらがな / Hiragana

(1) かのじょの きぶんは てんき いかんで かわる / かわります。
(2) ちゅうもんすう いかんで ねだんは かわる / かわります。
(3) おもさやこすう いかんで りょうきんは かわる / かわります。
(4) ひこうきだいや ほてるだいは じき いかんによって おおきく へんどうする / へんどうします。
(5) わたしの ざんぎょうじかんは しごとのないよう いかんによって へんどうする / へんどうします。
(6) じかいの こうしょう いかんによって みんぞくふんそうに なるかもしれない / なるかもしれません。

ローマ字 / Roman letters

(1) Kanojo no kibun wa tenki ikan de kawaru/ kawarimasu.

(2) Chûmon-sû ikan de nedan wa kawaru/ kawarimasu.

(3) Omo-sa ya kosû ikan de ryôkin wa kawaru/ kawarimasu.

(4) Hikôki-dai ya hoteru-dai wa jiki ikan ni yotte ôkiku hendô suru/ hendô shimasu.

(5) Watashi no zangyô jikan wa shigoto no naiyô ikan ni yotte hendô suru/ hendô shimasu.

(6) Jikai no kôshô ikan ni yotte minzoku funsô ni naru kamo shirenai/ naru kamo shiremasen.

いかんによらず (ikan ni yorazu): regardless of

Meaning:
regardless of

Formation:
Noun +（の）いかんにかかわらず /（の）いかんによらず

日本語 / にほんご / Japanese
(1) 年齢のいかんによらず、その仕事に申し込める / 申し込めます。
(2) 国籍のいかんによらず、入社試験を受けることができる / できます。
(3) 進行状況のいかんによらず、中間報告を提出してください。
(4) 理由のいかんにかかわらず、ここに駐車してはいけない / 駐車してはいけません。
(5) 費用のいかんにかかわらず、彼女は家を飾りたてた / 飾りたてました。
(6) 国籍のいかんにかかわらず、たくさん練習すれば、誰でも日本語が話せる / 話せます。

ことばと表現 / Words & Expressions
入社試験【にゅうしゃしけん】employment exam
中間報告【ちゅうかんほうこく】progress report
飾りたてる【かざりたてる】to decorate, to deck out

英語 / えいご / English

(1) You can apply for that job regardless of age.
(2) You can take the employment exam regardless of nationality.
(3) Whatever the state of progress, please submit a progress report.
(4) You must not park your car here for any reason.
(5) She decorated her house regardless of cost.
(6) Regardless of nationality, anyone who practices a lot is able to speak Japanese.

ひらがな / Hiragana

(1) ねんれいの いかんによらず、そのしごとに もうしこめる / もうしこめます。
(2) こくせきの いかんによらず、にゅうしゃしけんを うけることが できる / できます。
(3) しんこうじょうきょうの いかんによらず、ちゅうかんほうこくを ていしゅつしてください。
(4) りゆうの いかんにかかわらず、ここに ちゅうしゃしてはいけない / ちゅうしゃしてはいけません。(5) ひようの いかんにかかわらず、かのじょは いえを かざりたてた / かざりたてました。
(6) こくせきの いかんにかかわらず、たくさん れんしゅうすれば、だれでも にほんごが はなせる / はなせます。

ローマ字 / Roman letters

(1) Nenrei no ikan ni yorazu, sono shigoto ni môshikomeru/ môshikomemasu.

(2) Kokuseki no ikan ni yorazu, nyûsha shiken o ukeru koto ga dekiru/ dekimasu.

(3) Shinkô jôkyô no ikan ni yorazu, chûkan hôkoku o teishutsu shite kudasai.

(4) Riyû no ikan ni kakawarazu, koko ni chûsha shite wa ikenai/ chûsha shite wa ikemasen.

(5) Hiyô no ikan ni kakawarazu, kanojo wa ie o kazaritateta/ kazaritatemashita.

(6) Kokuseki no ikan ni kakawarazu, takusan renshû sureba, daredemo Nihongo ga hanaseru/ hanasemasu.

いかにも (ikanimo): indeed, really

Meaning:
indeed; really

Formation:
いかにも + phrase

日本語 / にほんご / Japanese
(1) あの鞄はいかにも重そうだ ／ 重そうです。
(2) 彼の死はいかにも残念だ ／ 残念です。
(3) 娘は私の贈り物にいかにも満足したように見えた ／ 見えました。
(4) あのベンチに座っている男はいかにも怪しそうだ ／ 怪しそうです。
(5) そうした話し方はいかにも兄らしい ／ 兄らしいです。
(6) その意見はいかにも母らしい ／ 母らしいです。

ことばと表現 / Words & Expressions
贈り物【おくりもの】present

英語 / えいご / English

(1) The bag indeed looks heavy.
(2) I am so sorry to hear of his death.
(3) My daughter looked really satisfied with my present.
(4) The man sitting on that bench seems to be really suspicious.
(5) That way of talking is typical of my elder brother.
(6) The idea is typical of my mother.

ひらがな / Hiragana

(1) あのかばんは　いかにも　おもそうだ　/　おもそうです。
(2) かれの　しは　いかにも　ざんねんだ　/　ざんねんです。
(3) むすめは　わたしの　おくりものに　いかにも　まんぞくした　ようにみえた　/　みえました。
(4) あのべんちに　すわっている　おとこは　いかにも　あやしそうだ　/　あやしそうです。
(5) そうした　はなしかたは　いかにも　あにらしい　/　あにらしいです。
(6) そのいけんは　いかにも　ははらしい　/　ははらしいです。

ローマ字 / Roman letters

(1) Ano kaban wa ikanimo omo-sôda/ omo-sôdesu.

(2) Kare no shi wa ikanimo zan'nenda/ zan'nendesu.

(3) Musume wa watashi no okurimono ni ikanimo manzoku shita yô ni mieta/ miemashita.

(4) Ano benchi ni suwatte iru otoko wa ikanimo ayashi-sôda/ ayashi-sôdesu.

(5) Sôshita hanashikata wa ikanimo ani rashî/ ani rashî desu.

(6) Sono iken wa ikanimo haha rashî / haha rashî desu.

いかに (ikani): how

Meaning:
how; how much

Formation:
いかに + Noun
いかに + Adj
いかに + Verb

日本語 / にほんご / Japanese
(1) このプロジェクトがいかに少ない予算しか持っていないかを部長は理解していない　/　理解していません。
(2) 文章を声に出して練習することがいかに大切かについて多くの語学学習者が理解していない　/　理解していません。
(3) 規則正しい生活を送ることが、最高の成果を生み出すためにいかに役立つか、多くの人が認識していない　/　認識していません。
(4) いかに生きるかは人生における最も重要な問題だ　/　問題です。
(5) 問題はいかに資金を集めるかである　/　集めるかです。
(6) これはあなたがいかに機能不全の組織を改善したかを示すすばらしい例だ　/　例です。

ことばと表現 / Words & Expressions
語学学習者【ごがくがくしゅうしゃ】language learner
規則正しい生活を送る【きそくただしいせいかつをおくる】
　　　　　　　　　　　to live a well-regulated life
機能不全の【きのうふぜんの】dysfunctional

英語 / えいご / English
(1) The department director does not understand how small budget this project has.
(2) Many language learners do not understand how important we practice sentences aloud.
(3) A lot of people are not aware of how useful we live a well-regulated life in order to produce the best performance.
(4) How to live is the most important thing in life.
(5) The problem is how to raise the funds.
(6) This is a superb illustration of how you improved the dysfunctional organization.

ひらがな / Hiragana
(1) このぷろじぇくとが　いかに　すくない　よさんしか　もっていないかを　ぶちょうは　りかいしていない / りかいしていません。
(2) ぶんしょうを　こえに　だして　れんしゅうすることが　いかに　たいせつかについて　おおくの　ごがくがくしゅうしゃが　りかいしていない / りかいしていません。

(3) きそくただしい　せいかつを　おくることが、さいこうの　せいかを　うみだすために　いかに　やくだつか、おおくの　ひとがにんしき　していない　/　にんしき　していません。

(4) いかに　いきるかは　じんせいにおける　もっとも　じゅうような　もんだいだ　/　もんだいです。

(5) もんだいは　いかに　しきんを　あつめるかである　/　あつめるかです。

(6) これは　あなたが　いかに　きのうふぜんの　そしきを　かいぜんしたかを　しめす　すばらしい　れいだ　/　れいです。

ローマ字　/ Roman letters

(1) Kono purojekuto ga ikani sukunai yosan shika motte inai ka o buchô wa rikai shite inai/ rikai shite imasen.

(2) Bunshô o koe ni dashite renshû suru koto ga ikani taisetsu ka ni tsuite ôku no gogaku gakushû-sha ga rikai shite inai/ rikai shite imasen.

(3) Kisoku tadashî seikatsu o okuru koto ga, saikô no seika o umidasu tame ni ikani yakudatsu ka, ôku no hito ga ninshiki shite inai/ ninshiki shite imasen.

(4) Ikani ikiru ka wa jinsei ni okeru mottomo jûyôna mondaida/ mondaidesu.

(5) Mondai wa ikani shikin o atsumeruka dearu/ atsumeruka desu.

(6) Kore wa anata ga ikani kinô fuzen no soshiki o kaizen shita ka o shimesu subarashî rei da/ rei desu.

いまだに (ima da ni): still, even now

Meaning:
still; even now; until this very day

Formation:
いまだに / 未だに + action

日本語 / にほんご / Japanese
(1) その傷はいまだに治らない / 治っていません。
(2) 妹はいまだに帰宅していない / 帰宅していません。
(3) 父はいまだに古い車を愛用している / 愛用しています。
(4) 彼は未だに彼女の言葉を信じている / 信じています。
(5) その飛行機は未だに行方不明だ / 行方不明です。
(6) なぜ彼が自殺したかは未だに謎だ / 謎です。

ことばと表現 / Words & Expressions
愛用する【あいようする】to cherish
行方不明【ゆくえふめい】missing
謎【なぞ】mystery

英語 / えいご / English
(1) The wound is still not healed.
(2) My younger sister has not come home yet.
(3) My father still cherishes his old car.
(4) He still believes her words.

(5) The plane is still missing.
(6) Why he killed himself is still a mystery.

ひらがな / Hiragana

(1) そのきずは いまだに なおらない / なおっていません。
(2) いもうとは いまだに きたくしていない / きたくしていません。
(3) ちちは いまだに ふるい くるまを あいようしている / あいようしています。
(4) かれは いまだに かのじょの ことばを しんじている / しんじています。
(5) そのひこうきは いまだに ゆくえふめいだ / ゆくえふめいです。
(6) なぜ かれが じさつしたかは いまだに なぞだ / なぞです。

ローマ字 / Roman letters

(1) Sono kizu wa imadani naoranai/ naotte imasen.
(2) Imôto wa imadani kitaku shite inai/ kitaku shite imasen.
(3) Chichi wa imadani furui kuruma o aiyô shite iru/ aiyô shite imasu.
(4) Kare wa imadani kanojo no kotoba o shinjite iru/ shinjite imasu.
(5) Sono hikôki wa imadani yukue fumeida/ yukue fumeidesu.
(6) Naze kare ga jisatsu shita ka wa imadani nazoda/ nazodesu.

いずれにせよ (izure nise yo): at any rate, in any case

Meaning:
at any rate; anyway; in any case

Formation:
いずれにせよ / いずれにしろ + phrase

日本語 / にほんご / Japanese
(1) いずれにせよ、我が家でペットは飼えない ／ 飼えません。
(2) いずれにせよ、私たちはスケジュールを変更できない ／ 変更できません。
(3) いずれにせよ、それは君にとって良い経験となるだろう ／ 経験となるでしょう。
(4) いずれにしろ、私たちは話し合わなくてはいけない ／ 話し合わなくてはいけません。
(5) いずれにしろ、論争に決着をつけるのは困難だ ／ 困難です。
(6) いずれにしろ、この制度改定は、深刻な外交問題には発展しなかった ／ 発展しませんでした。

ことばと表現 / Words & Expressions
論争に決着をつける【ろんそうにけっちゃくをつける】
to settle an argument
改定【かいてい】change
外交問題【がいこうもんだい】diplomatic problem

英語 / えいご / English
(1) At any rate, we can not keep pets in our house.
(2) At any rate, we can't change the schedule.
(3) At any rate, it will be a good experience for you.
(4) At any rate, we have to talk.
(5) Anyway, it is difficult to settle this argument.
(6) Anyway, this system change did not develop into a serious diplomatic problem.

ひらがな / Hiragana
(1) いずれにせよ、わがやで　ぺっとは　かえない　/ かえません。
(2) いずれにせよ、わたしたちは　すけじゅーるを　へんこうできない　/　へんこうできません。
(3) いずれにせよ、それは　きみにとって　よいけいけんと　なるだろう　/　けいけんとなるでしょう。
(4) いずれにしろ、わたしたちは　はなしあわなくてはいけない　/　はなしあわなくてはいけません。
(5) いずれにしろ、ろんそうに　けっちゃくを　つけるのは　こんなんだ　/　こんなんです。

(6) いずれにしろ、このせいどかいていは、しんこくながいこうもんだいには　はってんしなかった　/　はってんしませんでした。

ローマ字　/ Roman letters

(1) Izure ni seyo, wagaya de petto wa kaenai/ kaemasen.

(2) Izure ni seyo, watashitachi wa sukejûru o henkô dekinai/ henkô dekimasen.

(3) Izure ni seyo, sore wa kimi ni totte yoi keiken to narudarô/ keiken to narudeshô.

(4) Izure ni shiro, watashitachi wa hanashiawanakute wa ikenai/ hanashiawanakute wa ikemasen.

(5) Izure ni shiro, ronsô ni ketchaku o tsukeru no wa kon'nanda/ kon'nandesu.

(6) Izure ni shiro, kono seido kaitei wa, shinkokuna gaikômondai ni wa hatten shinakatta/ hatten shimasendeshita.

じみた (jimita): to look like

Meaning:
to look like

Formation:
Noun + じみた + Noun

日本語 / にほんご / Japanese
(1) それは信じられないほど子供じみた間違いだった　/　間違いでした。
(2) その男は子供じみたふるまいで妻をよく困惑させた　/　困惑させました。
(3) 弟はいつも田舎じみた服を着ている　/　着ています。
(4) その容疑者は狂気じみた口調で答えた　/　答えました。
(5) これはただの妄想じみた夢です、と男は静かに言った　/　言いました。
(6) 私は彼の芝居じみた口調が嫌いではない　/　嫌いではありません。

ことばと表現 / Words & Expressions
困惑させる【こんわくさせる】to perplex
容疑者【ようぎしゃ】suspect
口調【くちょう】tone of voice

英語 / えいご / English

(1) It was an unbelievably childish error.
(2) The man often perplexed his wife with his childish behavior.
(3) My brother always wears rustic clothes.
(4) The suspect replied in a wild tone of voice.
(5) This is just a delusional dream, the man quietly said.
(6) I don't dislike his playacting tone.

ひらがな / Hiragana

(1) それは　しんじられないほど　こどもじみた　まちがいだった　/　まちがいでした。
(2) そのおとこは　こどもじみた　ふるまいで　つまを　よく　こんわくさせた　/　こんわくさせました。
(3) おとうとは　いつも　いなかじみた　ふくを　きている　/　きています。
(4) そのようぎしゃは　きょうきじみた　くちょうで　こたえた　/　こたえました。
(5) これは　ただの　もうそうじみた　ゆめです、とおとこは　しずかにいった　/　いいました。
(6) わたしは　かれの　しばいじみた　くちょうが　きらいではない　/　きらいではありません。

ローマ字 / Roman letters

(1) Sore wa shinji rarenai hodo kodomo jimita machigai datta/ machigai deshita.

(2) Sono otoko wa kodomo jimita furumai de tsuma o yoku konwaku saseta/ konwaku sasemashita.

(3) Otôto wa itsumo inaka jimita fuku o kite iru/ kite imasu.

(4) Sono yôgi-sha wa kyôki jimita kuchô de kotaeta/ kotaemashita.

(5) Kore wa tada no môsô jimita yumedesu, to otoko wa shizuka ni itta/ îmashita.

(6) Watashi wa kare no shibai jimita kuchô ga kiraide wanai/ kiraide wa arimasen.

限りだ (kagiri da): I feel so

Meaning:
I feel so…, absolutely, extremely

Formation:
い adj + 限りだ
な adj + な限りだ

日本語 / にほんご / Japanese
(1) みんな無事に帰ってきて、嬉しい限りだ ／ 嬉しい限りです。
(2) 彼女が遠くに引っ越すので、寂しい限りだ ／ 寂しい限りです。
(3) 彼女にもう二度と会えないなんて悲しい限りだ ／ 悲しい限りです。
(4) 試験に合格できなくて、悔しい限りだ ／ 悔しい限りです。
(5) 世界中どこでも仕事ができるとは、うらやましい限りだ ／ うらやましい限りです。
(6) あなたの結婚式に出られないとは、残念な限りだ ／ 残念な限りです。

ことばと表現 / Words & Expressions
無事に【ぶじに】safely
二度と【にどと】never

英語 / えいご / English

(1) I'm so glad everyone returned safely.
(2) I feel so lonely that my girlfriend is moving to a place far away.
(3) I'm so sad that I can never see her anymore.
(4) I am extremely mortified to have failed my exam.
(5) I'm so jealous that you can work anywhere in the world.
(6) I feel so disappointed that I can't attend your wedding.

ひらがな / Hiragana

(1) みんな　ぶじに　かえってきて、うれしい　かぎりだ　/　うれしい　かぎりです。
(2) かのじょが　とおくに　ひっこすので、さびしい　かぎりだ　/　さびしい　かぎりです。
(3) かのじょに　もう　にどと　あえないなんて　かなしい　かぎりだ　/　かなしい　かぎりです。
(4) しけんに　ごうかく　できなくて、くやしい　かぎりだ　/　くやしい　かぎりです。
(5) せかいじゅう　どこでも　しごとが　できるとは、うらやましい　かぎりだ　/　うらやましい　かぎりです。
(6) あなたの　けっこんしきに　でられないとは、ざんねんな　かぎりだ　/　ざんねんな　かぎりです。

ローマ字　/ Roman letters

(1) Min'na buji ni kaette kite, ureshî kagirida/ ureshî kagiridesu.

(2) Kanojo ga to'oku ni hikkosunode, sabishî kagirida/ sabishî kagiridesu.

(3) Kanojo ni mô nidoto aenai nante kanashî kagirida/ kanashî kagiridesu.

(4) Shiken ni gôkaku dekinakute, kuyashî kagirida/ kuyashî kagiridesu.

(5) Sekaijû doko demo shigoto ga dekiru to wa, urayamashî kagirida/ urayamashî kagiridesu.

(6) Anata no kekkonshiki ni derarenai to wa, zan'nen'na kagirida/ zan'nen'na kagiridesu.

かいもなく (kai mo naku): even though

Meaning:
even though

Formation:
Verb-casual, past + かいもなく
Noun + のかいもなく

日本語 / にほんご / Japanese
(1) 毎日勉強したかいもなく、その試験に合格できなかった ／ 合格できませんでした。
(2) 毎日運動したかいもなく、まったく痩せなかった ／ 痩せませんでした。
(3) 懸命に練習したかいもなく、学校の代表に選ばれなかった ／ 選ばれませんでした。
(4) 家族全員で一晩中その猫を探したかいもなく、私たちは見つけられなかった ／ 見つけられませんでした。
(5) その美術館に行ったかいもなく、一番有名な作品を見ることができなかった ／ 見ることができませんでした。
(6) 今年、私の部署は戦略的に新規契約を獲得しようとしたかいもなく、新規契約数は昨年より減少した ／ 減少しました。

ことばと表現 / Words & Expressions
懸命に【けんめいに】hard
一晩中【ひとばんじゅう】overnight
戦略的に【せんりゃくてきに】strategically

英語 / えいご / English
(1) Even though I studied every day, I couldn't pass the exam.
(2) Even though I've been exercising every day, I didn't lose weight at all.
(3) Even though I trained hard, I wasn't chosen as a representative for my school.
(4) Even though all my family looked for the cat overnight, we could not find it.
(5) Even though I went to the art museum, I couldn't see the most famous work.
(6) Even though my division strategically tried to acquire new contracts this year, the number of new contracts decreased compared with last year.

ひらがな / Hiragana
(1) まいにち　べんきょうした　かいもなく、そのしけんに　ごうかく　できなかった　/　ごうかく　できませんでした。
(2) まいにち　うんどうした　かいもなく、まったく　やせなかった　/　やせませんでした。

(3) けんめいに れんしゅうした かいもなく、がっこうの だいひょうに えらばれなかった / えらばれませんでした。

(4) かぞく ぜんいんで ひとばんじゅう そのねこを さがした かいもなく、わたしたちは みつけられなかった / みつけられませんでした。

(5) そのびじゅつかんに いったかいもなく、いちばん ゆうめいな さくひんを みることが できなかった / みることが できませんでした。

(6) ことし、わたしの ぶしょは せんりゃくてきに しんきけいやくを かくとくしようとした かいもなく、しんきけいやくすうは さくねんより げんしょうした / げんしょうしました。

ローマ字 / Roman letters

(1) Mainichi benkyô shita kai mo naku, sono shiken ni gôkaku dekinakatta/ gôkaku dekimasendeshita.

(2) Mainichi undô shita kai mo naku, mattaku yasenakatta/ yasemasendeshita.

(3) Kenmei ni renshû shita kai mo naku, gakkô no daihyô ni eraba renakatta/ eraba remasendeshita.

(4) Kazoku zen'in de hitobanjû sono neko o sagashita kai mo naku, watashitachi wa mitsuke rarenakatta/ mitsuke raremasendeshita.

(5) Sono bijutsukan ni itta kai mo naku, ichiban yûmeina sakuhin o miru koto ga dekinakatta/ miru koto ga

dekimasendeshita.

(6) Kotoshi, watashi no busho wa senryaku-teki ni shinki keiyaku o kakutoku shiyô to shita kai mo naku, shinki keiyaku-sû wa sakunen yori genshô shita/ genshô shimashita.

か否か (ka ina ka): whether or not

Meaning:
whether or not

Formation:
Verb-casual + か否か
Noun + である + か否か
い adj + か否か
な adj + である + か否か

日本語 / にほんご / Japanese
(1) 私は参加するか否かまだ決めていない　/　決めていません。
(2) これが本当か否かは明確ではない　/　明確ではありません。
(3) 彼女が罪を認めるか否かは問題ではない　/　問題ではありません。
(4) 兄が成功するか否かは、彼の努力次第だ　/　努力次第です。
(5) 大事なのはあなたが全力を尽くすか否かだ　/　否かです。
(6) 私は自分の日本語が田舎の人たちに理解されるか否か不安だ　/　不安です。

ことばと表現 / Words & Expressions
罪を認める【つみをみとめる】to admit one's guilt
田舎の人たち【いなかのひとたち】country folks
不安な【ふあんな】uneasy

英語 / えいご / English
(1) I have not decided whether to participate or not.
(2) Whether that is true or not is not clear.
(3) It doesn't matter whether she admits her guilt or not.
(4) Whether my older brother will succeed or not depends on his efforts.
(5) What matters is whether you do your best or not.
(6) I am uneasy about whether or not my Japanese is understood or not by country folks.

ひらがな / Hiragana
(1) わたしは　さんかするか　いなか　まだ　きめていない　/　きめていません。
(2) これが　ほんとうか　いなかは　めいかくではない　/　めいかくではありません。
(3) かのじょが　つみを　みとめるか　いなかは　もんだいでは　ない　/　もんだいでは　ありません。
(4) あにが　せいこうするか　いなかは、かれの　どりょくしだいだ　/　どりょくしだいです。

(5) だいじなのは あなたが ぜんりょくを つくすか いなかだ / いなかです。

(6) わたしは じぶんの にほんごが いなかの ひとたちに りかいされるか いなか ふあんだ / ふあんです。

ローマ字 / Roman letters

(1) Watashi wa sanka suru ka ina ka mada kimete inai/ kimete imasen.

(2) Kore ga hontôka ina ka wa meikakude wanai/ meikakude wa arimasen.

(3) Kanojo ga tsumi o mitomeru ka ina ka wa mondaide wanai/ mondaide wa arimasen.

(4) Ani ga seikô suru ka ina ka wa, kare no doryoku shidaida/ doryoku shidaidesu.

(5) Daijina no wa anata ga zenryoku o tsukusu ka ina kada/ ina kadesu.

(6) Watashi wa jibun no Nihongo ga inaka no hito-tachi ni rikai sa reru ka ina ka fuanda/ fuandesu.

可能性がある (kanousei ga aru): there's a possibility

Meaning:
there's a possibility that

Formation:
Verb-casual + 可能性がある
Noun + の可能性がある

日本語 / にほんご / Japanese
(1) 深刻な病気の可能性がある　/　可能性があります。
(2) 今でも噴火の可能性がある　/　可能性があります。
(3) 午後、雪になる可能性がある　/　可能性があります。
(4) 来年、私は日本に行く可能性がある　/　可能性があります。
(5) 再来年、配送料が変わる可能性がある　/　可能性があります。
(6) 首相は早い時期に選挙を行う可能性があるとほのめかした　/　ほのめかしました。

ことばと表現 / Words & Expressions
噴火【ふんか】eruption
配送料【はいそうりょう】shipping charge
ほのめかす【ほのめかす】to hint

英語 / えいご / English

(1) There is a possibility of serious illness.

(2) There is still the possibility of an eruption.

(3) There is a possibility that it will snow in the afternoon.

(4) There is a possibility that I may go to Japan next year.

(5) Shipping charges may vary the year after year.

(6) The prime minister hinted at the possibility of an early election.

ひらがな / Hiragana

(1) しんこくな びょうきの かのうせいがある / かのうせいがあります。

(2) いまでも ふんかの かのうせいがある / かのうせいがあります。

(3) ごご、ゆきになる かのうせいがある / かのうせいがあります。

(4) らいねん、わたしは にほんに いく かのうせいがある / かのうせいがあります。

(5) さらいねん、はいそうりょうが かわる かのうせいがある / かのうせいがあります。

(6) しゅしょうは はやいじきに せんきょを おこなう かのうせいがあると ほのめかした / ほのめかしました。

ローマ字　/ Roman letters

(1) Shinkokuna byôki no kanôsei ga aru/ kanôsei ga arimasu.

(2) Ima demo funka no kanôsei ga aru/ kanôsei ga arimasu.

(3) Gogo, yuki ni naru kanôsei ga aru/ kanôsei ga arimasu.

(4) Rainen, watashi wa Nihon ni iku kanôsei ga aru/ kanôsei ga arimasu.

(5) Sarainen, haisô-ryô ga kawaru kanôsei ga aru/ kanôsei ga arimasu.

(6) Shushô wa hayai jiki ni senkyo o okonau kanôsei ga aru to honomekashita/ honomekashimashita.

からある (kara aru): as much as, as many as

Meaning:
as much as; as many as

You use からある / からする / からの to express the huge quantity of something.
からある refers to the number, height, volume or weight.
からする refers to the price of something.
からの refers to the number of people or the amount of money.

Formation:
Noun + からある / からする / からの

日本語 / にほんご / Japanese
(1) 高さ６００メートルからある東京スカイツリーが、突然、私の目の前に現れた　／　現われました。
(2) ５歳にもかかわらず、その少年は３キロからある道を毎日歩いて通ってくる　／　通ってきます。
(3) アリシアは５億円からする遺産を相続したそうだ　／　相続したそうです。
(4) マイケルは、５０万円からするギターをたくさん持っている　／　持っています。
(5) そのお祭りには１０万人からの人が参加したそうだ　／　参加したそうです。
(6) そのコンテストには１万人からの応募者がいた　／　応募者がいました。

ことばと表現 / Words & Expressions
遺産を相続する【いさんをそうぞくする】to inherit
応募者【おうぼしゃ】applicant

英語 / えいご / English
(1) A 600 meters high Tokyo sky tree suddenly appeared in front of me.
(2) Despite being five years old, the boy somehow manages to commute 3 kilometers every day on foot.
(3) I heard that Alicia inherited five hundred million yen.
(4) Michael has many guitars that are each worth 500,000 yen.
(5) I heard that as many as 100,000 people participated in that festival.
(6) There were ten thousand applicants for the contest.

ひらがな / Hiragana
(1) たかさろっぴゃくめーとるからあるとうきょうすかいつりーが、とつぜん、わたしのめのまえにあらわれた / あらわれました。
(2) ごさいにもかかわらず、そのしょうねんは　さんきろからあるみちを　まいにち　あるいて　かよってくる / かよってきます。
(3) ありしあは　ごおくえんからする　いさんを　そうぞくした　そうだ / そうぞくしたそうです。
(4) まいけるは、ごじゅうまんえんからする　ぎたーを　たくさん　もっている / もっています。

(5) そのおまつりには　じゅうまんにんからのひとが　さんかしたそうだ　/　さんかしたそうです。
(6) そのこんてすとには　いちまんにんからの　おうぼしゃがいた　/　おうぼしゃがいました。

ローマ字　/ Roman letters

(1) Taka-sa roppyaku mêtoru kara aru Tôkyô sukai tsurî ga, totsuzen, watashi no me no mae ni arawareta/ arawaremashita.
(2) Go sai nimo kakawarazu, sono shônen wa san-kiro kara aru michi o mainichi aruite kayotte kuru/ kayotte kimasu.
(3) Arishia wa go oku-en kara suru isan o sôzoku shita sôda/ sôzoku shita sôdesu.
(4) Maikeru wa, go jyû man-en kara suru gitâ o takusan motte iru/ motte imasu.
(5) Sono o matsuri ni wa jyû man nin kara no hito ga sanka shita sôda/ sanka shita sôdesu.
(6) Sono kontesuto ni wa ichi man nin kara no ôbo-sha ga ita/ ôbo-sha ga imashita.

かれ〜かれ (kare~kare): or

Meaning:
or

Formation:
い adj(ーい) + かれ + い adj(ーい) + かれ

日本語 / にほんご / Japanese
(1) 遅かれ早かれ、キースさんは日本語を習得できるだろう　/　習得できるでしょう。
(2) 遅かれ早かれ、人質たちは解放されるだろう　/　解放されるでしょう。
(3) 良かれ悪しかれ、私は妻の決定に従う　/　従います。
(4) 良かれ悪しかれ、テレビは世界を変えた　/　変えました。
(5) 私たちは多かれ少なかれ社会と結びついている　/　結びついています。
(6) 国家の繁栄は多かれ少なかれ国民次第だ　/　国民次第です。

ことばと表現 / Words & Expressions
習得する【しゅうとくする】to master
人質【ひとじち】hostage
に従う【いさんをそうぞくする】to go along with
繁栄【はんえい】prosperity

英語 / えいご / English

(1) Sooner or later, Keith can master Japanese.
(2) Sooner or later, the hostages will be set free.
(3) For good or ill, I will go along with my wife's decision.
(4) For better or for worse, television has changed the world.
(5) We are more or less related to society.
(6) The prosperity of a country depends more or less on its citizens.

ひらがな / Hiragana

(1) おそかれ　はやかれ、きーすさんは　にほんごを　しゅうとくできる　だろう　/　しゅうとくできる　でしょう。
(2) おそかれ　はやかれ、ひとじちたちは　かいほうされる　だろう　/　かいほうされる　でしょう。
(3) よかれあしかれ、わたしは　つまの　けっていに　したがう　/　したがいます。
(4) よかれ　あしかれ、てれびは　せかいを　かえた　/　かえました。
(5) わたしたちは　おおかれ　すくなかれ　しゃかいと　むすびついている　/　むすびついています。
(6) こっかの　はんえいは　おおかれ　すくなかれ　こくみん　しだいだ　/　こくみん　しだいです。

ローマ字 / Roman letters

(1) Osokare hayakare, Kîsu-san wa Nihongo o shûtoku dekiru darô/ shûtoku dekiru deshô.

(2) Osokare hayakare, hitojichi-tachi wa kaihôsareru darô/ kaihôsareru deshô.

(3) Yokare ashikare, watashi wa tsuma no kettei ni shitagau/ shitagaimasu.

(4) Yokare ashikare, terebi wa sekai o kaeta/ kaemashita.

(5) Watashitachi wa ôkare sukunakare shakai to musubitsuite iru/ musubitsuite imasu.

(6) Kokka no han'ei wa ôkare sukunakare kokumin shidai da/ kokumin shidai desu.

かたがた (katagata): while, for the purpose of

Meaning:
while; at the same time; for the purpose of: incidentally

Formation:
Noun + かたがた

日本語 / にほんご / Japanese
(1) 散歩かたがた私は図書館に立ち寄った / 立ち寄りました。
(2) 散歩かたがた、彼女は友達を訪ねた / 訪ねました。
(3) 買い物かたがた私たちは夕食をとった / とりました。
(4) 仕事かたがた私たちは札幌観光に行く / 行きます。
(5) 毎朝、犬の散歩かたがた私は公園のごみ拾いをしている / ゴミ拾いをしています。
(6) 先日のお礼かたがた来ました / 伺いました。

ことばと表現 / Words & Expressions
立ち寄る【たちよる】to drop in
伺う【うかがう】(humble expression) to visit : to ask ; to hear

英語 / えいご / English

(1) While I was out for a walk, I dropped in at the library.
(2) While she went out for a walk, she stopped by her friend's house.
(3) We had dinner while we went shopping.
(4) While on business, we will go sightseeing in Sapporo.
(5) I pick up trash in the park while walking my dog every morning.
(6) I came to thank you for the other day.

ひらがな / Hiragana

(1) さんぽ かたがた わたしは としょかんに たちよった / たちよりました。
(2) さんぽ かたがた、かのじょは ともだちを たずねた / たずねました。
(3) かいもの かたがた わたしたちは ゆうしょくを とった / とりました。
(4) しごと かたがた わたしたちは さっぽろかんこうにいく / いきます。
(5) まいあさ、いぬの さんぽ かたがた わたしは こうえんの ごみひろいをしている / ごみひろいをしています。
(6) せんじつの おれい かたがた きました / うかがいました。

ローマ字 / Roman letters

(1) Sanpo katagata watashi wa toshokan ni tachiyotta/ tachiyorimashita.

(2) Sanpo katagata, kanojo wa tomodachi o tazuneta/ tazunemashita.

(3) Kaimono katagata watashitachi wa yûshoku o totta/ torimashita.

(4) Shigoto katagata watashitachi wa sapporo kankô ni iku/ ikimasu.

(5) Maiasa, inu no sanpo katagata watashi wa kôen no gomihiroi o shite iru/ gomihiroi o shite imasu.

(6) Senjitsu no orei katagata kimashita / ukagaimashita.

かたわら (katawara): while, at the same time

Meaning:
while (doing); in addition to; at the same time

Formation:
Verb-dictionary form + かたわら
Noun + のかたわら

日本語 / にほんご / Japanese
(1) 店を経営するかたわら、彼は絵も描いている ／ 描いています。
(2) 農業のかたわら、彼は小説を書いている ／ 書いている。
(3) 会社で仕事をするかたわら、私は家で日本語を教えている ／ 教えています。
(4) 仕事をするかたわら、姉はボランティア活動をしている ／ ボランティア活動をしています。
(5) スペイン語を習うかたわら、私は趣味でタンゴを習うことにした ／ 習うことにしました。
(6) 自分で編み物を習うかたわら、母は教えてもいる ／ 教えています。

ことばと表現 / Words & Expressions
ボランティア活動【ボランティアかつどう】volunteering activity
編む【あむ】to knit

英語 / えいご / English
(1) He runs a store and paints pictures on the side.
(2) Besides farming, he writes novels.
(3) Besides working at the company, I teach Japanese at home.
(4) My elder sister both works and does volunteering activities.
(5) As well as studying Spanish language, I decided to study tango as a hobby.
(6) In addition to learning how to knit, my mother also teaches it.

ひらがな / Hiragana
(1) みせを けいえいする かたわら、かれは えも かいている / かいています。
(2) のうぎょうの かたわら、かれは しょうせつを かいている / かいています。
(3) かいしゃで しごとをする かたわら、わたしは いえで にほんごを おしえている / おしえています。
(4) しごとをする かたわら、あねは ぼらんてぃあ かつどうを している / ぼらんてぃあ かつどうをしています。
(5) すぺいんごを ならう かたわら、わたしは しゅみで たんごを ならうことにした / ならうことにしました。
(6) じぶんで あみものをならう かたわら、ははは おしえてもいる / おしえてもいます。

ローマ字 / Roman letters

(1) Mise o keiei suru katawara, kare wa e mo kaite iru/ kaite imasu.

(2) Nôgyô no katawara, kare wa shôsetsu o kaite iru/ kaite imasu.

(3) Kaisha de shigoto o suru katawara, watashi wa ie de Nihongo o oshiete iru/ oshiete imasu.

(4) Shigoto o suru katawara, ane wa borantia katsudô o shite iru/ borantia katsudô o shite imasu.

(5) Supeingo o narau katawara, watashi wa shumi de tango o narau koto ni shita/ narau koto ni shimashita.

(6) Jibun de amimono o narau katawara, haha wa oshiete mo iru/ oshiete imasu.

かつて (katsute): once, before

Meaning:
once; before; never before

Formation:
かつて + phrase

日本語 / にほんご / Japanese
(1) 姉はかつて女優だった　/　女優でした。
(2) ここはかつて浅い海だった　/　浅い海でした。
(3) その村にかつて貧しい農夫がいた　/　農夫がいました。
(4) ロンドンはかつて霧で有名だった　/　有名でした。
(5) 恐竜はかつて地球を支配していた　/　支配していました。
(6) 地球が宇宙の中心であるとかつて信じられていた　/　信じられていました。

ことばと表現 / Words & Expressions
浅い【あさい】shallow
霧【きり】fog
恐竜【きょうりゅう】dinosaur
宇宙【うちゅう】the universe

英語 / えいご / English

(1) My elder sister was once an actress.
(2) This was once shallow sea.
(3) Once there was a poor farmer in the village.
(4) London was once famous for its fogs.
(5) Dinosaurs used to rule the earth.
(6) It was once believed that the earth was the center of the universe.

ひらがな / Hiragana

(1) あねは　かつて　じょゆうだった　/　じょゆうでした。
(2) ここは　かつて　あさい　うみだった　/　あさいうみでした。
(3) そのむらに　かつて　まずしい　のうふがいた　/　のうふがいました。
(4) ろんどんは　かつて　きりで　ゆうめいだった　/　ゆうめいでした。
(5) きょうりゅうは　かつて　ちきゅうを　しはいしていた　/　しはいしていました。
(6) ちきゅうが　うちゅうの　ちゅうしんであると　かつて　しんじられていた　/　しんじられていました。

ローマ字 / Roman letters

(1) Ane wa katsute joyû datta/ joyû deshita.

(2) Koko wa katsute asai umi datta/ asai umi deshita.

(3) Sono mura ni katsute mazushî nôfu ga ita/ nôfu ga imashita.

(4) Rondon wa katsute kiri de yûmei datta/ yûmei deshita.

(5) Kyôryû wa katsute chikyû o shihai shite ita/ shihai shite imashita.

(6) Chikyû ga uchû no chûshin dearuto katsute shinji rarete ita/ shinji rarete imashita.

きっての (kitte no): the most … of all

Meaning:
the most … of all

Formation:

Noun + きっての + Noun

日本語 / にほんご / Japanese
(1) 叔母は日本きっての外交官だ / 外交官です。
(2) 彼はシンガポールきっての毒舌家だ / 毒舌家です。
(3) 彼女は芸能界きっての売れっ子だ / 売れっ子です。
(4) 彼女は学内きっての人気者だ / 人気者です。
(5) 部長は社内きっての敏腕家だ / 敏腕家です。
(6) 彼の叔父は国内きっての有力者だ / 有力者です。

ことばと表現 / Words & Expressions
敏腕家【びんわんか】able person
有力者【ゆうりょくしゃ】powerful person

英語 / えいご / English
(1) My aunt is the best diplomat in Japan.
(2) He has the sharpest tongue in Singapore.
(3) She is the hottest property in show business.
(4) She is the most popular girl at school.
(5) Our department manager is the ablest person in our company.
(6) His uncle is the most powerful person in the country.

ひらがな / Hiragana

(1) おばは にほん きっての がいこうかんだ / がいこうかんです。

(2) かれは しんがぽーる きっての どくぜつかだ / どくぜつかです。

(3) かのじょは げいのうかい きっての うれっこだ / うれっこです。

(4) かのじょは がくない きっての にんきものだ / にんきものです。

(5) ぶちょうは しゃないきっての びんわんかだ / びんわんかです。

(6) かれの おじは こくない きっての ゆうりょくしゃだ / ゆうりょくしゃです。

ローマ字 / Roman letters

(1) Oba wa Nihon kitte no gaikôkan da/ gaikôkan desu.

(2) Kare wa shingapôru kitte no dokuzetsuka da/ dokuzetsuka desu.

(3) Kanojo wa geinô-kai kitte no urekko da/ urekko desu.

(4) Kanojo wa gakunai kitte no ninki-mono da/ ninki-mono desu.

(5) Buchô wa shanai kitte no binwanka da/ binwanka desu.

(6) Kare no oji wa kokunai kitte no yûryoku-sha da/ yûryoku-sha desu.

嫌いがある (kirai ga aru): to have a tendency to

Meaning:
to have a tendency to

Formation:
Verb-dictionary form + 嫌いがある
Noun + の嫌いがある

日本語 / にほんご / Japanese
(1) 息子は悲観的に考えるきらいがある　/　きらいがあります。
(2) 彼は物事を深刻に取りすぎるきらいがある　/　きらいがあります。
(3) 弟は行き過ぎのきらいがある　/　きらいがあります。
(4) 娘は試験前、緊張する嫌いがある　/　嫌いがあります。
(5) 非難されると彼女は怒る嫌いがある　/　嫌いがあります。
(6) 私は物事に熱中しすぎる嫌いがある　/　嫌いがあります。

ことばと表現 / Words & Expressions
悲観的に【ひかんてきに】pessimistically.
深刻に【しんこくに】seriously
に熱中する【にねっちゅうする】to get crazy about

英語 / えいご / English

(1) My son tends to think pessimistically.

(2) He tends to take things too seriously.

(3) My younger brother tends to go too far.

(4) My daughter has a bad habit of getting nervous before an exam.

(5) She has a tendency to get angry when criticized.

(6) I have a tendency to get too crazy about things.

ひらがな / Hiragana

(1) むすこは　ひかんてきに　かんがえる　きらいがある　/　きらいがあります。

(2) かれは　ものごとを　しんこくに　とりすぎる　きらいがある　/　きらいがあります。

(3) おとうとは　いきすぎの　きらいがある　/　きらいがあります。

(4) むすめは　しけんまえ、きんちょうする　きらいがある　/　きらいがあります。

(5) ひなんされると　かのじょは　おこる　きらいがある　/　きらいがあります。

(6) わたしは　ものごとに　ねっちゅうしすぎる　きらいがある　/　きらいがあります。

ローマ字 / Roman letters

(1) Musuko wa hikan-teki ni kangaeru kirai ga aru/ kirai ga arimasu.

(2) Kare wa monogoto o shinkoku ni tori sugiru kirai ga aru/ kirai ga arimasu.

(3) Otôto wa ikisugi no kirai ga aru/ kirai ga arimasu.

(4) Musume wa shiken mae, kinchô suru kirai ga aru/ kirai ga arimasu.

(5) Hinan sareruto kanojo wa okoru kirai ga aru/ kirai ga arimasu.

(6) Watashi wa monogoto ni netchû shi sugiru kirai ga aru/ kirai ga arimasu.

きりがない (kiri ga nai): there's no end to

Meaning:
there's no end to

Formation:
Verb- ば conditional + きりがない
Verb-dictionary form + ときりがない
Verb-casual, past + らきりがない

日本語 / にほんご / Japanese
(1) 彼の野心にはきりがない　／　きりがありません。
(2) 彼女の愚痴にはきりがない　／　きりがありません。
(3) 道路清掃の仕事にはきりがない　／　きりがありません。
(4) 心配しだしたらきりがない　／　きりがありません。
(5) 彼女がカラオケで歌い始めたらきりがない　／　きりがありません。
(6) 英語学習に関する本は数え上げたらきりがない　／　きりがありません。

ことばと表現 / Words & Expressions
野心【やしん】ambition
愚痴【ぐち】complaining.
道路清掃の仕事【どうろせいそうのしごと】
　　　　　　　job of a street cleaner

英語 / えいご / English

(1) His ambition knows no bounds.
(2) There is no end to her complaining.
(3) The job of a street cleaner is without end.
(4) Once you start worrying, there's no end to it.
(5) Once she starts singing at karaoke, there is no end to it.
(6) There are countless books about English learning.

ひらがな / Hiragana

(1) かれの やしんには きりがない / きりがありません。
(2) かのじょの ぐちには きりがない / きりがありません。
(3) どうろせいそうの しごとには きりがない / きりがありません。
(4) しんぱいしだしたら きりがない / きりがありません。
(5) かのじょが からおけで うたいはじめたら きりがない / きりがありません。
(6) えいごがくしゅうにかんする ほんは かぞえあげたらきりがない / きりがありません。

ローマ字 / Roman letters

(1) Kare no yashin ni wa kiri ga nai/ kiri ga arimasen.

(2) Kanojo no guchi ni wa kiri ga nai/ kiri ga arimasen.

(3) Dôro seisô no shigoto ni wa kiri ga nai/ kiri ga arimasen.

(4) Shinpai shi dashitara kiri ga nai/ kiri ga arimasen.

(5) Kanojo ga karaoke de utai hajimetara kiri ga nai/ kiri ga arimasen.

(6) Eigo gakushû ni kansuru hon wa kazoe agetara kiri ga nai/ kiri ga arimasen.

極まる / 極まりない (kiwamaru/ kiwamarinai): extremely

Meaning:
extremely

Formation:
な adj + 極まる / 極まりない

日本語 / にほんご / Japanese
(1) あの店員の態度は不作法極まる　／　極まります。
(2) 私は、彼の失礼極まる態度に我慢ならなかった　／　我慢なりませんでした。
(3) こんな明らかな誤りを直さずにおいたのは不注意極まる　／　極まります。
(4) 昨日から、事務所は乱雑極まりない状態だ　／　状態です。
(5) こんな退屈極まりない仕事は辞めたい　／　辞めたいです。
(6) 彼は社長として、無責任極まりない　／　極まりないです。

ことばと表現 / Words & Expressions
不作法【ぶさほう】lack of manners
失礼な【しつれいな】rude
乱雑な【らんざつな】disordered

英語 / えいご / English

(1) That clerk attitude showed a complete lack of manners.
(2) I couldn't get used to his unlimited rudeness.
(3) It is extremely careless of you to leave such glaring errors.
(4) The office has been in a state of total disorder since yesterday.
(5) I want to quit this terribly tedious job.
(6) As the president, he's totally irresponsible.

ひらがな / Hiragana

(1) あの　てんいんの　たいどは　ぶさほう　きわまる　/　きわまります。
(2) わたしは、かれの　しつれい　きわまる　たいどに　がまんならなかった　/　がまんなりませんでした。
(3) こんな　あきらかな　あやまりを　なおさずに　おいたのは　ふちゅうい　きわまる　/　きわまります。
(4) きのうから、じむしょは　らんざつ　きわまりない　じょうたいだ　/　じょうたいです。
(5) こんな　たいくつ　きわまりない　しごとはやめたい　/　やめたいです。
(6) かれは　しゃちょうとして、むせきにん　きわまりない　/　きわまりないです。

ローマ字 / Roman letters

(1) Ano ten'in no taido wa busahô kiwamaru/ kiwamarimasu.

(2) Watashi wa, kare no shitsurei kiwamaru taido ni gaman naranakatta/ gaman'narimasen deshita.

(3) Kon'na akirakana ayamari o naosazu ni oita no wa fuchûi kiwamaru/ kiwamarimasu.

(4) Kinô kara, jimusho wa ranzatsu kiwamarinai jôtaida/ jôtaidesu.

(5) Kon'na taikutsu kiwamarinai shigoto wa yametai/ yametaidesu.

(6) Kare wa shachô to shite, musekinin kiwamarinai/ kiwamarinai desu.

極めて (kiwamete): extremely, exceedingly

Meaning:
extremely; exceedingly

Formation:
極めて + Noun
極めて + Adj

日本語 / にほんご / Japanese
(1) 彼女はその仕事に極めて適任だ　/　適任です。
(2) あなたの忠告は極めて有用だった　/　有用でした。
(3) その翻訳は原文に極めて忠実だ　/　忠実です。
(4) その説明は極めて説得力がない　/　説得力がありません。
(5) 十分な栄養は幼児の発育にとって極めて重要だ　/　重要です。
(6) A社との合併交渉は極めて重大な局面に入った　/　入りました。

ことばと表現 / Words & Expressions
翻訳【ほんやく】translation
原文【げんぶん】source text
幼児【ようじ】infant
発育【はついく】growth

英語 / えいご / English

(1) She is extremely fitted for the job.
(2) Your advice was extremely useful.
(3) The translation is quite true to the original.
(4) The explanation is extremely unconvincing.
(5) Good nutrition is vital for an infant's growth.
(6) Our merger negotiations with Company A stepped into a crucial phase.

ひらがな / Hiragana

(1) かのじょは そのしごとに きわめて てきにんだ / てきにんです。
(2) あなたの ちゅうこくは きわめて ゆうようだった / ゆうようでした。
(3) そのほんやくは げんぶんに きわめて ちゅうじつだ / ちゅうじつです。
(4) その せつめいは きわめて せっとくりょくがない / せっとくりょくがありません。
(5) じゅうぶんな えいようは ようじの はついくに とって きわめて じゅうようだ / じゅうようです。
(6) えいしゃとの がっぺいこうしょうは きわめて じゅうだいな きょくめんに はいった / はいりました。

ローマ字 / Roman letters

(1) Kanojo wa sono shigoto ni kiwamete tekinin da/ tekinin desu.

(2) Anata no chûkoku wa kiwamete yûyô datta/ yûyô deshita.

(3) Sono hon'yaku wa genbun ni kiwamete chûjitsu da/ chûjitsu desu.

(4) Sono setsumei wa kiwamete settoku-ryoku ga nai/ settoku-ryoku ga arimasen.

(5) Jûbun'na eiyô wa yôji no hatsuiku ni totte kiwamete jûyô da/ jûyô desu.

(6) A-sha to no gappei kôshô wa kiwamete jûdaina kyokumen ni haitta/ hairimashita.

ことだし (koto dashi): because, since

Meaning:
since; because

Formation:
Verb-casual + ことだし
Noun + のことだし
い adj + ことだし
な adj + なことだし

日本語 / にほんご / Japanese
(1) 時間もあることだし、コーヒーでも飲もう / 飲みましょう。
(2) 熱もあることだし、あなたは会社を休むべきだ / 休むべきです。
(3) 雨も降っていることだし、家に帰ろう / 帰りましょう。
(4) 天気もいいことだし、散歩に行かないか / 行きませんか。
(5) ボーナスも出たことだし、どこかへ旅行に行きたい / 行きたいです。
(6) 彼女も謝ったことだし、許してあげよう / 許してあげましょう。

ことばと表現 / Words & Expressions
許す【ゆるす】to forgive

英語 / えいご / English

(1) Since we still have time, let's have a cup of coffee.
(2) Since you have a fever, you should take a day off from work.
(3) Since it's raining and let's go home.
(4) Since the weather is nice, why don't we go for a walk?
(5) Since I got a bonus, I'd like to go on a trip somewhere.
(6) Since she has apologized, let's forgive her.

ひらがな / Hiragana

(1) じかんも あることだし、こーひーでものもう / のみましょう。
(2) ねつも あることだし、あなたは かいしゃを やすむべきだ / やすむべきです。
(3) あめも ふっていることだし、いえに かえろう / かえりましょう。
(4) てんきも いいことだし、さんぽに いかないか / いきませんか。
(5) ぼーなすも でたことだし、どこかへ りょこうに いきたい / いきたいです。
(6) かのじょも あやまったことだし、ゆるしてあげよう / ゆるしてあげましょう。

ローマ字 / Roman letters

(1) Jikan mo aru kotodashi, kôhîde mo nomô/ nomi mashô.

(2) Netsu mo aru kotodashi, anata wa kaisha o yasumu beki da/ yasumu beki desu.

(3) Ame mo futte iru kotodashi, ie ni kaerô/ kaeri mashô.

(4) Tenki mo î kotodashi, sanpo ni ikanai ka/ ikimasen ka.

(5) Bônasu mo deta kotodashi, doko ka e ryokô ni ikitai/ ikitaidesu.

(6) Kanojo mo ayamatta kotodashi, yurushite ageyô/ yurushite agemashô.

ことごとく (koto gotoku): altogether, entirely

Meaning:
altogether; entirely

Formation:
ことごとく + Verb

日本語 / にほんご / Japanese
(1) 私の予想はことごとく外れた　/　外れました。
(2) 彼らの抵抗はことごとく無駄だった　/　無駄でした。
(3) その会議において、彼女の提案はことごとく却下された　/　却下されました。
(4) 消防士たちは困難をことごとく乗り越えてきた　/　乗り越えてきました。
(5) 弁護士は顧客が言ったことをことごとく記録した　/　記録しました。
(6) 警察官は彼の持ち物をことごとく没収した　/　没収しました。

ことばと表現 / Words & Expressions
却下され【きゃっかする】to reject
持ち物【もちもの】belongings
没収する【ぼっしゅうする】to confiscate

英語 / えいご / English

(1) All my expectations were wrong.
(2) All their resistance was vain.
(3) At that meeting, all her proposals were rejected.
(4) The firefighters have overcome all his difficulties.
(5) The lawyer recorded everything the customer said.
(6) The police officer confiscated all his belongings.

ひらがな / Hiragana

(1) わたしの よそうは ことごとく はずれた / はずれました。
(2) かれらの ていこうは ことごとく むだだった / むだでした。
(3) そのかいぎにおいて、かのじょの ていあんは ことごとく きゃっかされた / きゃっかされました。
(4) しょうぼうしたちは あらゆる こんなんを ことごとく のりこえてきた / のりこえてきました。
(5) べんごしは こきゃくが いったことを ことごとく きろくした / きろくしました。
(6) けいさつかんは かれの もちものを ことごとく ぼっしゅうした / ぼっしゅうしました。

ローマ字　/ Roman letters

(1) Watashi no yosô wa kotogotoku hazureta/ hazuremashita.

(2) Karera no teikô wa kotogotoku muda datta/ muda deshita.

(3) Sono kaigi ni oite, kanojo no teian wa kotogotoku kyakka sareta/ kyakka saremashita.

(4) Shôbô-shi-tachi wa arayuru kon'nan o kotogotoku norikoete kita/ norikoete kimashita.

(5) Bengoshi wa kokyaku ga itta koto o kotogotoku kiroku shita/ kiroku shimashita.

(6) Keisatsukan wa kare no mochimono o kotogotoku bosshû shita/ bosshû shimashita.

ことなしに (koto nashi ni): without doing something

Meaning:

without doing something

Formation:

Verb-dictionary form + ことなしに（は）

日本語 / にほんご / Japanese
(1) 努力することなしに、成功を勝ち取ることは難しい / 難しいです。
(2) 学習を習慣化することなしに、語学を習得するのは難しい / 難しいです。
(3) 弟に妨害されることなしに、宿題を全部終えることができた / できました。
(4) 上司の許可を得ることなしには、勝手に休みを取ることはできない / できません。
(5) 担当教師の許可を得ることなしには、履修科目の変更はできない / できません。
(6) 委員会の承認を受けることなしには、規約の変更はできない / できません。

ことばと表現 / Words & Expressions
を習慣化する【をしゅうかんかする】to make one a habit
妨害【ぼうがい】interference
履修科目【りしゅうかもく】registered class
規約【きやく】rule

英語 / えいご / English
(1) It's hard to become successful without putting any effort.
(2) It is hard to master a language without making learning a habit.
(3) I was able to finish all my homework today without my brother's interference.
(4) You can't take a day off without getting permission from your boss.
(5) Without the permission of the teacher in charge, you may not change your registered classes.
(6) The rules may not be varied without the approval of the Commission.

ひらがな / Hiragana
(1) どりょくすることなしに、せいこうを かちとること は むずかしい / むずかしいです。
(2) がくしゅうを しゅうかんかすることなしに、ごがくを しゅうとくするのは むずかしい / むずかしいです。

(3) おとうとに ぼうがいされることなしに、しゅくだいを ぜんぶ おえることができた ／ できました。
(4) じょうしの きょかを えることなしには、かってに やすみをとることはできない ／ できません。
(5) たんとうきょうしの きょかを えることなしには、りしゅうかもくの へんこうは できない ／ できません。
(6) いいんかいの しょうにんを うけることなしには、きやくの へんこうは できない ／ できません。

ローマ字 / Roman letters

(1) Doryoku suru koto nashi ni, seikô o kachitoru koto wa muzukashî/ muzukashîdesu.
(2) Gakushû o shûkan-ka suru koto nashi ni, gogaku o shûtoku suru no wa muzukashî/ muzukashîdesu.
(3) Otôto ni bôgai sa reru koto nashi ni, shukudai o zenbu oeru koto ga dekita/ dekimashita.
(4) Jôshi no kyoka o eru koto nashi ni wa, katte ni yasumi o toru koto wa dekinai/ dekimasen.
(5) Tantô kyôshi no kyoka o eru koto nashi ni wa, rishû kamoku no henkô wa dekinai/ dekimasen.
(6) Înkai no shônin o ukeru koto nashi ni wa, kiyaku no henkô wa dekinai/ dekimasen.

ことのないよう (koto no nai you): so as not to

Meaning:
so as not to

Formation:
Verb-dictionary form + ことのないよう（に）

日本語 / にほんご / Japanese
(1) 私は落ちることのないようロープを握りしめた ／ 握りしめました。
(2) 時間を無駄にすることのないよう急ごう ／ 急ぎましょう。
(3) その学生は列車に乗り遅れることのないよう駅へ急いだ ／ 急ぎました。
(4) その大工は他人の感情を害することのないように振る舞った ／ 振る舞いました。
(5) 私は道に迷うことのないように前もって地図を確認した ／ 確認しました。
(6) 私はもうこれ以上太ることのないようにデザートを注文しない ／ 注文しません。

ことばと表現 / Words & Expressions
時間を無駄にする【じかんをむだにする】to waste time
感情を害する【かんじょうをがいする】to give offense

英語 / えいご / English

(1) I grasped the rope so as not to fall.
(2) Let's hurry so as not to waste time.
(3) The student hurried to the station so as not to miss the train.
(4) The carpenter behaved himself so as not to give offense to others.
(5) I checked the map in advance so as not to get lost.
(6) I am not going to order any dessert so as not to put on any more weight.

ひらがな / Hiragana

(1) わたしは　おちることのないよう　ろーぷを　にぎりしめた　/　にぎりしめました。
(2) じかんを　むだにすることのないよう　いそごう　/　いそぎましょう。
(3) そのがくせいは　れっしゃに　のりおくれることのないよう　えきへ　いそいだ　/　いそぎました。
(4) そのだいくは　たにんの　かんじょうを　がいすることのないように　ふるまった　/　ふるまいました。
(5) わたしは　みちに　まようことのないように　まえもって　ちずを　かくにんした　/　かくにんしました。
(6) わたしは　もうこれいじょう　ふとることのないように　でざーとを　ちゅうもんしない　/　ちゅうもんしません。

ローマ字 / Roman letters

(1) Watashi wa ochiru koto no nai yô rôpu o nigirishime ta/ nigirishime mashita.

(2) Jikan o muda ni suru koto no nai yô isogô/ isogi mashô.

(3) Sono gakusei wa ressha ni nori okureru koto no nai yô eki e isoida/ isogi mashita.

(4) Sono daiku wa tanin no kanjô o gaisuru koto no nai yô ni furumatta/ furumaimashita.

(5) Watashi wa michi ni mayô koto no nai yô ni maemotte chizu o kakunin shita/ kakunin shimashita.

(6) Watashi wa mô kore ijô futoru koto no nai yô ni dezâto o chûmon shinai/ chûmon shimasen.

こととて (kototote): because, since

Meaning:
because; since

Formation:
Verb-casual + こととて
Verb-ない form（ーない）+ ぬこととて
Noun + のこととて
な adj + なこととて

日本語 / にほんご / Japanese
(1) 幼い子供がしたこととて、お許しください。
(2) 何も知らぬこととて、間違いをしてしまいました。
(3) 何も知らぬこととて、失礼致しました。
(4) ずいぶん昔のこととて、そのことをよく覚えていません。
(5) まだ検討中のこととて、はっきりとしたお返事はできません。
(6) 彼女は入社したばかりのこととて、失礼があれば、どうかお許しください。

ことばと表現 / Words & Expressions
検討中【けんとうちゅう】under review

英語 / えいご / English

(1) Since it was what a small child did, please forgive him.
(2) Since I did not know anything, I ended up making mistake.
(3) I'm so sorry for my rudeness owing to my ignorance.
(4) Since it is a long time ago, I do not remember it well.
(5) Since it's still under review, we can't give you an answer just yet.
(6) Since she is a new employee, please forgive her if she does something rude to you.

ひらがな / Hiragana

(1) おさない　こどもが　したこととて、おゆるしください。
(2) なにも　しらぬこととて、まちがいを　してしまいました。
(3) なにも　しらぬこととて、しつれい　いたしました。
(4) ずいぶん　むかしのこととて、そのことを　よくおぼえていません。
(5) まだ　けんとうちゅうのこととて、はっきりとしたおへんじは　できません。
(6) かのじょは　にゅうしゃしたばかりのこととて、しつれいがあれば、どうか　おゆるしください。

ローマ字　/ Roman letters

(1) Osanai kodomo ga shita koto tote, oyurushi kudasai.

(2) Nani mo shiranu koto tote, machigai o shite shimaimashita.

(3) Nani mo shiranu koto tote, shitsurei itashimashita.

(4) Zuibun mukashi no koto tote, sono koto o yoku oboete imasen.

(5) Mada kentô-chû no koto tote, hakkiri to shita o henji wa dekimasen.

(6) Kanojo wa nyûsha shita bakari no koto tote, shitsurei ga areba, dô ka oyurushi kudasai.

くらいなら (kurai nara): rather than

Meaning:
rather than…

Formation:
Verb-dictionary form + くらいなら / ぐらいなら

日本語 / にほんご / Japanese
(1) テレビを買うくらいなら冷蔵庫を買いたい　／　買いたいです。
(2) この暑い中を外出するくらいなら家にいたい　／　家にいたいです。
(3) 家にいるくらいならむしろ外出したい　／　外出したいです。
(4) みんなに迷惑を掛けるくらいなら辞める方がましだ　／　辞める方がましです。
(5) 私は彼と不幸な生活をするくらいなら独身でいる方がましだ　／　独身でいる方がましです。
(6) ギャンブルに金を使うくらいなら、捨てる方がましだ　／　捨てる方がましです。

ことばと表現 / Words & Expressions
に迷惑を掛ける【にめいわくをかける】　to cause someone hardship

独身【どくしん】single

英語 / えいご / English

(1) I would rather buy a refrigerator than buy a TV.
(2) I would rather stay at home than go out in this hot weather.
(3) I would rather go out than stay at home.
(4) I'd rather quit than cause everyone hardship.
(5) I would rather remain single than live an unhappy life with him.
(6) I would rather throw money away than spend it on gambling.

ひらがな / Hiragana

(1) てれびを かうくらいなら れいぞうこを かいたい / かいたいです。
(2) このあついなかを がいしゅつするくらいなら いえに いたい / いえに いたいです。
(3) いえに いるくらいなら むしろ がいしゅつ したい / がいしゅつ したいです。
(4) みんなに めいわくを かけるくらいなら やめる ほうが ましだ / やめるほうが ましです。
(5) わたしは かれと ふこうな せいかつをするくらいなら どくしんでいるほうが ましだ / どくしんで いるほうが ましです。
(6) ぎゃんぶるに かねを つかうくらいなら、すてる ほうが ましだ / すてるほうが ましです。

ローマ字　/ Roman letters

(1) Terebi o kau kurainara reizôko o kaitai/ kaitaidesu.

(2) Kono atsui naka o gaishutsu suru kurainara ie ni itai/ ie ni itaidesu.

(3) Ie ni iru kurainara mushiro gaishutsu shitai/ gaishutsu shitaidesu.

(4) Min'na ni meiwaku o kakeru kurainara yameru hôga mashida/ yameruhô ga mashidesu.

(5) Watashi wa kare to fukôna seikatsu o suru kurainara dokushin de iru hôga mashida/ dokushin de iru hôga mashidesu.

(6) Gyanburu ni kane o tsukau kurainara, suteru hôga mashida/ suteru hôga mashidesu.

くらいのものだ (kurai no mono da): only

Meaning:
only

Formation:
Noun + くらい / ぐらい + のものだ / なものだ

日本語 / にほんご / Japanese
(1) 距離は１キロくらいのものだ　/　ものです。
(2) それは１０００円くらいのものだ　/　ものです。
(3) 私が話せるのは英語くらいのものだ　/　ものです。
(4) 私が買える家は、これぐらいのものだ　/　ものです。
(5) 医師は叔父の寿命があと１年ぐらいのものだと言った　/　言いました。
(6) 社長に率直に不平が言えるのは君ぐらいのものだ　/　ものです。

ことばと表現 / Words & Expressions
距離【きょり】distance
寿命【じょうみょう】life duration

英語 / えいご / English

(1) The distance is only a kilometer or so.
(2) It is only 1000 yen.
(3) I can only speak English.
(4) I can only buy this house.
(5) The doctor said my uncle had only a year to live.
(6) You are the only person that complains to the president straightforwardly.

ひらがな / Hiragana

(1) きょりは いちきろ くらいのものだ / ものです。
(2) それは せんえん くらいのものだ / ものです。
(3) わたしが はなせるのは えいごくらいのものだ / ものです。
(4) わたしが かえる いえは、これぐらいのものだ / ものです。
(5) いしは おじの じゅみょうが あと いちねんぐらいのものだといった / いいました。
(6) しゃちょうに そっちょくに ふへいが いえるのは きみぐらいのものだ / ものです。

ローマ字 / Roman letters

(1) Kyori wa ichi-kiro kurai no monoda/ monodesu.

(2) Sore wa sen-en kurai no monoda/ monodesu.

(3) Watashi ga hanaseru no wa eigo kurai no monoda/ monodesu.

(4) Watashi ga kaeru ie wa, kore gurai no monoda/ monodesu.

(5) Ishi wa oji no jumyô ga ato ichi-nen gurai no monoda to itta/ îmashita.

(6) Shachô ni sotchoku ni fuhei ga ieru no wa kimi gurai no monoda/ monodesu.

までだ (made da): only

Meaning:
only ; just

Formation:
Verb-casual + まで（のこと）だ
これ / それ + までだ

日本語 / にほんご / Japanese
(1) 私はただ上司の命令に従ったまでだ / 従ったまでです。
(2) 私はただ彼女の説明をそのまま繰り返したまでだ / 繰り返したまでです。
(3) 冷蔵庫が壊れたら、新しいものを買うまでだ / 買うまでです。
(4) 地下鉄が止まっているなら、そこへ歩いて行くまでだ / 歩いて行くまでです。
(5) 借金を返済できないのなら、裁判に訴えるまでだ / 訴えるまでです。
(6) 誰も協力してくれないのなら、自分でやってみるまでだ / やってみるまでです。

ことばと表現 / Words & Expressions
そのまま繰り返す【そのままくりかえす】to echoe
借金【しゃっきん】debt
返済する【へんさいする】to repay

英語 / えいご / English

(1) I just followed an order from my superior.
(2) I just echoed her explanation.
(3) If the fridge breaks, you just buy a new one.
(4) If the subway stops, I will just walk there.
(5) If you can not repay the debt, I only go to court.
(6) If no one helps, I'll just do it by myself.

ひらがな / Hiragana

(1) わたしは ただ じょうしの めいれいに したがったまでだ / したがったまでです。
(2) わたしは ただ かのじょの せつめいを そのまま くりかえしたまでだ / くりかえしたまでです。
(3) れいぞうこが こわれたら、あたらしいものを かうまでだ / かうまでです。
(4) ちかてつが とまっているなら、そこへ あるいていくまでだ / あるいていくまでです。
(5) しゃっきんを へんさいできないのなら、さいばんに うったえるまでだ / うったえるまでです。
(6) だれも きょうりょくしてくれないのなら、じぶんで やってみるまでだ / やってみるまでです。

ローマ字 / Roman letters

(1) Watashi wa tada jôshi no meirei ni shitagatta madeda/ shitagatta madedesu.

(2) Watashi wa tada kanojo no setsumei o sonomama kurikaeshita madeda/ kurikaeshita madedesu.

(3) Reizôko ga kowaretara, atarashî mono o kau madeda/ kau madedesu.

(4) Chikatetsu ga tomatte irunara, soko e aruite iku madeda/ aruite iku madedesu.

(5) Shakkin o hensai dekinai nonara, saiban ni uttaeru madeda/ uttaeru madedesu.

(6) Dare mo kyôryoku shite kurenai nonara, jibun de yatte miru madeda/ yatte miru madedesu.

までもない (made mo nai): it's not necessary to

Meaning:
it's not necessary to

Formation:
Verb-dictionary form + までもない

日本語 / にほんご / Japanese
(1) 継続的な努力が成功の鍵であることは言うまでもない　/　言うまでもありません。
(2) 健康ほど大事なものはないというのは言うまでもない　/　言うまでもありません。
(3) お金がすべてではないのは言うまでもない　/　言うまでもありません。
(4) ただの風邪なので、薬を飲むまでもない　/　飲むまでもありません。
(5) 彼女の職場はここから歩いて３分くらいなので、タクシーを使うまでもない　/　使うまでもありません。
(6) 私が電車を下りた駅の真正面にそのホテルはあったので、探すまでもなかった　/　探すまでもありませんでした。

ことばと表現 / Words & Expressions
継続的な努力【けいぞくてきなどりょく】diligence
の真正面に【のましょうめんに】right in front of

英語 / えいご / English
(1) It goes without saying that diligence is the key to success.
(2) It goes without saying that nothing is more important than health.
(3) It goes without saying that money is not everything.
(4) It's just a cold, so it's not necessary to take medicine.
(5) Since her office is about three minutes on foot from here, so we do not need to take a taxi.
(6) Since there was the hotel right in front of the station where I got off the train, I didn't need to look for it.

ひらがな / Hiragana
(1) けいぞくてきなどりょくが　せいこうの　かぎであることは　いうまでもない　/　いうまでもありません。
(2) けんこうほど　だいじなものはないというのは　いうまでもない　/　いうまでもありません。
(3) おかねが　すべてではないのは　いうまでもない　/　いうまでもありません。
(4) ただの　かぜなので、くすりを　のむまでもない　/　のむまでもありません。
(5) かのじょの　しょくばは　ここから　あるいて　さ

んぷんくらいなので、たくしーを　つかうまでもない　／　つかうまでもありません。

(6) わたしが　でんしゃをおりた　えきの　ましょうめんに　そのほてるは　あったので、さがすまでもなかった　／　さがすまでもありませんでした。

ローマ字　/ Roman letters

(1) Keizoku-tekina doryoku ga seikô no kagi dearu koto wa iumademo nai/ iu made mo arimasen.

(2) Kenkô hodo daijina mono wa nai to iu no wa iumademo nai/ iu made mo arimasen.

(3) Okane ga subete dewa nai no wa iumademo nai/ iu made mo arimasen.

(4) Tada no kaze nanode, kusuri o nomu made mo nai/ nomu made mo arimasen.

(5) Kanojo no shokuba wa koko kara aruite san pun kurai nanode, takushî o tsukau made mo nai/ tsukau made mo arimasen.

(6) Watashi ga densha o orita eki no masshômen ni sono hoteru wa attanode, sagasu made mo nakatta/ sagasu made mo arimasen deshita.

まじき (majiki): should not, must not

Meaning:
should not; must not

Formation:
Verb-dictionary form + まじき

日本語 / にほんご / Japanese
(1) 部長は許すまじき暴言を吐いた　/　吐きました。
(2) 弱いものをいじめるなんて、許すまじきことだ　/　許すまじきことです。
(3) 彼はオリンピック選手にあるまじき行為をした　/　行為をしました。
(4) 知事にあるまじき行為は多くの県民に厳しく非難された　/　非難されました。
(5) その男のやったことは、人としてあるまじき残酷な行為だった　/　残酷な行為でした。
(6) 学生にあるまじき行為をした者は退学させられた　/　退学させられました。

ことばと表現 / Words & Expressions
暴言【ぼうげん】offensive language
知事【ちじ】governor
県民【けんみん】residents of a prefecture

英語 / えいご / English

(1) The manager used offensive language that cannot be forgiven.
(2) Bullying the weak is unforgivable.
(3) He behaved in a way unworthy of that of an Olympic athlete.
(4) Behaviors in a way unworthy of the governor were severely criticized by many residents of the prefecture.
(5) What the man did was a cruel and unacceptable action for a human being.
(6) Those who inappropriately behaved as a student got expelled from the school.

ひらがな / Hiragana

(1) ぶちょうは　ゆるすまじき　ぼうげんを　はいた　/ はきました。
(2) よわいものを　いじめるなんて、ゆるすまじきことだ　/ ゆるすまじきことです。
(3) かれは　おりんぴっくせんしゅに　あるまじき　こういをした　/ こういをしました。
(4) ちじに　あるまじき　こういは　おおくの　けんみんに　きびしく　ひなんされた　/ ひなんされました。
(5) その　おとこの　やったことは、ひととして　あるまじき　ざんこくな　こういだった　/ ざんこくなこういでした。

(6) がくせいに あるまじき こういをしたものは た
いがく させられた / たいがく させられました。

ローマ字 / Roman letters

(1) Buchô wa yurusu majiki bôgen o haita/ hakimashita.

(2) Yowai mono o ijimeru nante, yurusu majiki kotoda/ yurusu majiki kotodesu.

(3) Kare wa orinpikku senshu ni aru majiki kôi o shita/ kôi o shimashita.

(4) Chiji ni aru majiki kôi wa ôku no kenmin ni kibishiku hinan sareta/ hinan saremashita.

(5) Sono otoko no yatta koto wa, hito to shite aru majiki zankokuna kôidatta/ zankokuna kôideshita.

(6) Gakusei ni aru majiki kôi o shita mono wa taigaku sa se rareta/ taigaku sa se raremashita.

ままに (mama ni): to do as

Meaning:
as, to do as

Formation:
Verb-casual, non-past + (が) まま (に)
Noun + のまま (に)

日本語 / にほんご / Japanese
(1) その看護師は感じるがままに話した / 話しました。
(2) 私たちは物事をあるがままに見なければならない / 見なければなりません。
(3) 私は一日一日を、思うがままに生きたい / 生きたいです。
(4) 課長はマイケルがふさぎ込むままにしていた / ふさぎ込むままにしていました。
(5) 主任は部下を意のままに支配している / 支配しています。
(6) その件は未決定のままにしてある / 未決定のままにしてあります。

ことばと表現 / Words & Expressions
ふさぎこむ【ふさぎこむ】melancholy; being depressed
未決定の【みけってい】unsettled

英語 / えいご / English

(1) The nurse spoke as she felt.

(2) We must see things as they are.

(3) I want to live each and everyday to my heart's content.

(4) The section chief left Michael to his melancholy.

(5) The boss controls his subordinates at will.

(6) The matter has been left unsettled.

ひらがな / Hiragana

(1) そのかんごしは かんじるがままに はなした / はなしました。
(2) わたしたちは ものごとを あるがままに みなければならない / みなければなりません。
(3) わたしは いちにちいちにちを、おもうがままに いきたい / いきたいです。
(4) かちょうは まいけるが ふさぎこむままにしていた / ふさぎこむままにしていました。
(5) しゅにんは ぶかを いのままに しはいしている / しはいしています。
(6) そのけんは みけっていのままに してある / みけっていのままに してあります。

ローマ字 / Roman letters

(1) Sono kangoshi wa kanjiruga mama ni hanashita/ hanashimashita.

(2) Watashitachi wa monogoto o aruga mama ni minakereba naranai/ minakereba narimasen.

(3) Watashi wa ichinichi ichinichi o, omôga mama ni ikitai/ ikitaidesu.

(4) Kachô wa Maikeru ga fusagikomu mama ni shite ita/ fusagikomu mama ni shite imashita.

(5) Shunin wa buka o inomama ni shihai shite iru/ shihai shite imasu.

(6) Sono-ken wa mi kettei no mama ni shite aru/ mi kettei no mama ni shite arimasu.

まみれ (mamire): to be covered in

Meaning:
covered in

Formation:
Noun + まみれ

日本語 / にほんご / Japanese
(1) 工場労働者は汗まみれだった / 汗まみれでした。
(2) 配管工は全身泥まみれだった / 泥まみれでした。
(3) 子供たちはほこりまみれだった / ほこりまみれでした。
(4) 血まみれの男が道に倒れている / 倒れています。
(5) 探偵は血まみれの足跡を辿った / 辿りました。
(6) 友人の一人はガソリンスタンドで油まみれで働いている / 働いています。

ことばと表現 / Words & Expressions
工場労働者【こうじょうろうどうしゃ】factory worker
配管工【はいかんこう】plumber
探偵【たんてい】detective
辿る【たどる】to trace

英語 / えいご / English

(1) The factory workers were bathed in sweat.
(2) The plumber was covered with mud from head to foot.
(3) The chidren were all covered with dust.
(4) A guy who is covered in blood is down on the road.
(5) The detective traced someone's bloody footprints.
(6) One of My friends works at a petrol station, covered in oil.

ひらがな / Hiragana

(1) こうじょう ろうどうしゃは あせまみれだった / あせまみれでした。
(2) はいかんこうは ぜんしん どろまみれだった / どろまみれでした。
(3) こどもたちは ほこりまみれだった / ほこりまみれでした。
(4) ちまみれの おとこが みちに たおれている / たおれています。
(5) たんていは ちまみれの あしあとを たどった / たどりました。
(6) ゆうじんの ひとりは がそりんすたんどで あぶらまみれで はたらいている / はたらいています。

ローマ字 / Roman letters

(1) Kôjô rôdô-sha wa ase mamire datta/ ase mamire deshita.

(2) Haikan kô wa zenshin doro mamire datta/ doro mamire deshita.

(3) Kodomo tachi wa hokori mamire datta/ hokori-mamire deshita.

(4) Chi mamire no otoko ga michi ni taorete iru/ taorete imasu.

(5) Tantei wa chi mamire no ashiato o tadotta/ tadorimashita.

(6) Yûjin no hitori wa gasorin sutando de abura mamire de hataraite iru/ hataraite imasu.

まるっきり (marukkiri): totally, completely

Meaning:
totally; completely

Formation:
まるっきり + Verb-casual
まるっきり + Noun

日本語 / にほんご / Japanese
(1) 私はその理由がまるっきり分からない　/　わかりません。
(2) 私はあなたの説明にまるっきり同意する　/　同意します。
(3) それはまるっきり違う　/　違います。
(4) 料理長はまるっきり無関心なようだ　/　無関心なようです。
(5) 私たちはまるっきり違う性格を持っている　/　持っています。
(6) 私は忙しすぎて、それをまるっきり忘れてしまった　/　忘れてしまいました。

ことばと表現 / Words & Expressions
無関心【むかんしん】uninterested
性格【せいかく】personality

英語 / えいご / English

(1) I don't totally understand the reason.

(2) I totally agree with your explanation.

(3) That is completely wrong.

(4) The chef appeared totally uninterested.

(5) We have totally different personalities.

(6) I've been so busy I totally forgot that.

ひらがな / Hiragana

(1) わたしは そのりゆうが まるっきり わからない / わかりません。

(2) わたしは あなたの せつめいに まるっきり どういする / どういします。

(3) それは まるっきり ちがう / ちがいます。

(4) りょうりちょうは まるっきり むかんしんな ようだ / むかんしんな ようです。

(5) わたしたちは まるっきり ちがう せいかくを もっている / もっています。

(6) わたしは いそがしすぎて、それを まるっきり わすれてしまった / わすれてしまいました。

ローマ字　/ Roman letters

(1) Watashi wa sono riyû ga marukkiri wakaranai/ wakarimasen.

(2) Watashi wa anata no setsumei ni marukkiri dôi suru/ dôi shimasu.

(3) Sore wa marukkiri chigau/ chigaimasu.

(4) Ryôri-chô wa marukkiri mukanshin'na yôda/ mukanshin'na yôdesu.

(5) Watashitachi wa marukkiri chigau seikaku o motte iru/ motte imasu.

(6) Watashi wa isogashi sugite, sore o marukkiri wasurete shimatta/ wasurete shimaimashita.

もはや (mohaya): already, no longer

Meaning:
already; no longer; not any more

Formation:
もはや + phrase

日本語 / にほんご / Japanese
(1) もはや私は政治家を信用していない / 信用していません。
(2) 兄はもはやここでは働いていない / 働いていません
(3) 彼らにはもはや試行錯誤する時間がない / 時間がありません。
(4) アメリカはもはや世界政治を支配していない / 支配していません。
(5) 彼らの伝統的な生活様式は、もはや存在しない / 存在しません。
(6) この国の人々はもはや自分たちの古い伝統を尊重していない / 尊重していません。

ことばと表現 / Words & Expressions
試行錯誤する【しこうさくごする】to do trial and error
尊重する【そんちょうする】to respect

英語 / えいご / English

(1) I don't trust politicians any longer.
(2) My elder brother doesn't work here anymore.
(3) They no longer have time to do trial and error.
(4) America is no longer in control of world politics.
(5) Their traditional lifestyle no longer exists.
(6) People of this country do not respect their old traditions any longer.

ひらがな / Hiragana

(1) もはや わたしは せいじかを しんようしていない / しんようしていません。
(2) あには もはや ここでは はたらいていない / はたらいていません
(3) かれらには もはや しこうさくごする じかんがない / じかんがありません。
(4) あめりかは もはや せかいせいじを しはいしていない / しはいしていません。
(5) かれらの でんとうてきな せいかつようしきは、もはや そんざいしない / そんざいしません。
(6) このくにの ひとびとは もはや じぶんたちの ふるい でんとうを そんちょうしていない / そんちょうしていません。

ローマ字 / Roman letters

(1) Mohaya watashi wa seijika o shin'yô shite inai/ shin'yô shite imasen.

(2) Ani wa mohaya kokode wa hataraite inai/ hataraite imasen

(3) karera ni wa mohaya shikô sakugo suru jikan ga nai/ jikan ga arimasen.

(4) Amerika wa mohaya sekai seiji o shihai shite inai/ shihai shite imasen.

(5) Karera no dentô-tekina seikatsu yôshiki wa, mohaya sonzai shinai/ sonzai shimasen.

(6) Kono kuni no hitobito wa mohaya jibun-tachi no furui dentô o sonchô shite inai/ sonchô shite imasen.

めく (meku): to show signs of

Meaning:
to show signs of; to have the appearance of

Formation:
めいた + Noun
Noun + めいている / めいてくる

日本語 / にほんご / Japanese
(1) ここのところ、秋めいている / 秋めいています。
(2) 日に日に春めいてきた / 春めいてきました。
(3) 私は彼女の皮肉めいた言い方が気になる / 気になります。
(4) 獣医はその男の非難めいた言葉を忘れられなかった / 忘れられませんでした。
(5) 姉は会うたびに、私に説教めいたことを言う / 言います。
(6) あの事故には何か謎めいたものがある / 謎めいたものがあります。

ことばと表現 / Words & Expressions
ここのところ【---】recently
日に日に【ひにひに】day by day
皮肉【ひにく】sarcastic

英語 / えいご / English

(1) Autmn is in the air recently.
(2) It's getting more like spring day by day.
(3) I am concerned about her sarcastic like way of speech.
(4) The veterinarian could not forget the reproachful words of the man.
(5) Every time I see my elder sister, she says something preachy to me.
(6) There is something mysterious about the accident.

ひらがな / Hiragana

(1) ここのところ、あきめいて いる / あきめいて います。
(2) ひにひに はるめいて きた / はるめいてきました。
(3) わたしは かのじょの ひにくめいた いいかたが きになる / きになります。
(4) じゅういは そのおとこの ひなんめいた ことばを わすれられなかった / わすれられませんでした。
(5) あねは あうたびに、わたしに せっきょうめいた ことをいう / いいます。
(6) あのじこには なにか なぞめいた ものがある / なぞめいた ものがあります。

ローマ字 / Roman letters

(1) Koko no tokoro, akimeite iru/ akimeite imasu.

(2) Hinihini harumeite kita/ harumeite kimashita.

(3) Watashi wa kanojo no hiniku meita îkata ga ki ni naru/ ki ni narimasu.

(4) Jûi wa sono otoko no hinan meita kotoba o wasure rare nakatta/ wasure rare masendeshita.

(5) Ane wa au tabi ni, watashi ni sekkyô meita koto o iu/ îmasu.

(6) Ano jiko ni wa nani ka nazomeita mono ga aru/ nazomeita mono ga arimasu.

も顧みず / を顧みず (mo kaerimizu/o kaerimizu): regardless of, despite

Meaning:
despite; regardless of

Formation:
Noun + を顧みず / も顧みず

日本語 / にほんご / Japanese
(1) 母は費用を顧みず家を飾りたてた　/　飾りたてました。
(2) 妹は費用を顧みずほしい物を買う　/　買います。
(3) 悪天候を顧みず私は外出することにした　/　外出することにしました。
(4) 彼らの批判も顧みず、彼は計画を進めた　/　進めました。
(5) 父親の反対意見も顧みず、彼はドイツに留学した　/　留学しました。
(6) 危険も顧みず消防士たちは彼女を救うために川へ飛び込んだ　/　飛び込みました。

ことばと表現 / Words & Expressions
悪天候【あくてんこう】bad weather
反対意見【はんたいいけん】opposing opinion

英語 / えいご / English

(1) My mother decorated her house regardless of cost.
(2) My elder sister buys what she wants regardless of the cost.
(3) Regardless of the bad weather, I decided to go out.
(4) Despite their criticism, he went ahead with his plans.
(5) Regardless of his father's opposing opinion, he studied in Germany.
(6) Reckless of danger, firefighters plunged into the river to save her.

ひらがな / Hiragana

(1) ははは　ひようを　かえりみず　いえを　かざりたてた　/　かざりたてました。
(2) いもうとは　ひようを　かえりみず　ほしいものを　かう　/　かいます。
(3) あくてんこうを　かえりみず　わたしは　がいしゅつすることにした　/　がいしゅつすることにしました。
(4) かれらの　ひはんも　かえりみず、かのじょは　けいかくを　すすめた　/　すすめました。
(5) ちちおやの　はんたいいけんも　かえりみず、かれは　どいつに　りゅうがくした　/　りゅうがくしました。
(6) きけんも　かえりみず　しょうぼうしたちは　かのじょを　すくうために　かわへ　とびこんだ　/　とびこみました。

ローマ字　/ Roman letters

(1) Haha wa hiyô o kaerimizu ie o kazari tateta/ kazari tatemashita.

(2) Imôto wa hiyô o kaerimizu hoshî mono o kau/ kaimasu.

(3) Akutenkô o kaerimizu watashi wa gaishutsu suru koto ni shita/ gaishutsu suru koto ni shimashita.

(4) Karera no hihan mo kaerimizu, kare wa keikaku o susumeta/ susumemashita.

(5) Chichioya no hantai iken mo kaerimizu, kare wa Doitsu ni ryûgaku shita/ ryûgaku shimashita.

(6) Kiken mo kaerimizu shôbô-shi-tachi wa kanojo o sukû tame ni kawa e tobikonda/ tobikomimashita.

もしないで (mo shinaide): without even doing

Meaning:
without even doing

Formation:

Verb- ます stem + もしないで

日本語 / にほんご / Japanese
(1) 勉強もしないで、あなたがその試験に合格することは不可能だろう　/　不可能でしょう。
(2) 契約書を読みもしないで、執行役員はそれに署名した　/　署名しました。
(3) レシピを見もしないで、彼はおかしな味の料理を作った　/　料理を作りました。
(4) その映画を見もしないで、それを酷評する権利はあなたにない　/　ありません。
(5) 怒りもしないで、夫は妻の矛盾した説明を静かに聴いていた　/　聴いていました。
(6) 私が手渡した封筒を開けもしないで、副社長は机の上にそれをそっと置いた　/　置きました。

ことばと表現 / Words & Expressions
執行役員【しっこうやくいん】Corporate Officer
矛盾した【むじゅんした】inconsistent
そっと【--】gently
副社長【ふくしゃちょう】Executive Vice President

英語 / えいご / English
(1) Without even studying, it would be impossible for you to pass the exam.
(2) Without even reading the contract, the Corporate Officer signed it.
(3) Without even looking at the recipe, he cooked strange tasting dishes.
(4) Without even watching the movie, you do not have the right to criticize it.
(5) Without getting angry, the husband was listening to his wife's inconsistent accounts quietly.
(6) Without even opening the envelope that I handed, Executive Vice President gently placed it on the desk.

ひらがな / Hiragana
(1) べんきょうも しないで、あなたが そのしけんに ごうかくすることは ふかのうだろう / ふかのうでしょう。
(2) けいやくしょを よみもしないで、しっこうやくいんは それに しょめいした / しょめいしました。

(3) れしぴを みもしないで、かれは おかしな あじの りょうりをつくった / りょうりをつくりました。
(4) そのえいがを みもしないで、それを こくひょうする けんりは あなたにない / ありません。
(5) おこりも しないで、おっとは つまの むじゅんした せつめいを しずかに きいていた / きいていました。
(6) わたしが てわたした ふうとうを あけもしないで、ふくしゃちょうは つくえの うえに それを そっと おいた / おきました。

ローマ字 / Roman letters

(1) Benkyô mo shinaide, anata ga sono shiken ni gôkaku suru koto wa fukanô darô/ fukanô deshô.
(2) Keiyakusho o yomi mo shinaide, shikkô yakuin wa sore ni shomei shita/ shomei shimashita.
(3) Reshipi o mi mo shinaide, kare wa okashina aji no ryôri o tsukutta/ ryôri o tsukurimashita.
(4) Sono eiga o mi mo shinaide, sore o kokuhyô suru kenri wa anata ni nai/ arimasen.
(5) Okori mo shinaide, otto wa tsuma no mujun shita setsumei o shizuka ni kîte ita/ kîte imashita.
(6) Watashi ga tewatashita fûtô o ake mo shinaide, fuku shachô wa tsukue no ue ni sore o sotto oita/ okimashita.

ものを (mono o): I wish, if only

Meaning:
I wish; if only; although; even though

Formation:
Verb-casual, past + ものを
Adj + ものを

日本語 / にほんご / Japanese
(1) とても楽しかったです。彼女も来ればよかったものを。
(2) 連絡してくれれば、手伝ったものを。
(3) その時、走れば、約束の時間に間に合ったものを。
(4) 黙っていればいいものを、つい不必要なことを言ってしまった ／ 言ってしまいました。
(5) 本当のことを言えばいいものを、彼は嘘をついて信用を失った ／ 失いました。
(6) 健康診断を受けていれば、医者たちはあなたの病気の原因をかなり早く特定できたものを。

ことばと表現 / Words & Expressions
病気の原因【びょうきのげんいん】cause of a disease
特定する【とくていする】to identify

英語 / えいご / English

(1) We had a very good time. I wish she had come too.
(2) If you had just called me, I would have helped you.
(3) If you had run at that time, you would have made it in time for the appointment.
(4) If only I had kept my mouth shut. I said unnecessary things.
(5) Although he should have told the truth, he lied and lost their trust.
(6) If you had had a health examination, the doctors would have identified the cause of your disease much earlir.

ひらがな / Hiragana

(1) とても たのしかったです。かのじょも くれば よかったものを。
(2) れんらくしてくれれば、てつだったものを。
(3) そのとき、はしれば、やくそくの じかんに まにあったものを。
(4) だまっていれば いいものを、つい ふひつような ことを いってしまった / いってしまいました。
(5) ほんとうの ことを いえばいいものを、かれは うそを ついて しんようを うしなった / うしないました。
(6) けんこうしんだんを うけていれば、いしゃたちは あなたの びょうきの げんいんを かなり はやく とくていできたものを。

ローマ字 / Roman letters

(1) Totemo tanoshikattadesu. Kanojo mo kureba yokatta mono o.

(2) Renraku shite kurereba, tetsudatta mono o.

(3) Sonotoki, hashireba, yakusoku no jikan ni maniatta mono o.

(4) Damatte ireba î mono o, tsui fuhitsuyôna koto o itte shimatta/ itte shimaimashita.

(5) Hontô no koto o ieba î mono o, kare wa uso o tsuite shin'yô o ushinatta/ ushinaimashita.

(6) Kenkô shindan o ukete ireba, isha tachi wa anata no byôki no gen'in o kanari hayaku tokutei dekita mono o.

ものて (mono de): because, for that reason

Meaning:
because; for that reason
ものて is a conjunctive particle that indicates a cause or reason.

Formation:
Verb-casual + ものて

日本語 / にほんご / Japanese
(1) コピー機が壊れたもので、私は困っている ／ 困っています。
(2) 仕事はやりがいがあるもので、楽しい ／ 楽しいです。
(3) あなたに会えたもので、元気が出た ／ 元気が出ました。
(4) 今朝、雨が降ったもので、湿度が高い ／ 高いです。
(5) 昨晩、夜更かししたもので、私は眠い ／ 眠いです。
(6) 以前、この件を調べたことがあるもので、私は詳しい ／ 詳しいです。

ことばと表現 / Words & Expressions
コピー機【しっこうやくいん】copier
やりがいがある【むじゅんした】fulfilling

英語 / えいご / English

(1) I'm in a jam because the copier is broken.

(2) It is fun because it is fulfilling to do the work.

(3) I cheered up because I could meet you.

(4) Since it had rained this morning, it is humid.

(5) Since I stayed up late night, I'm sleepy.

(6) Since I have researched this matter before, and I am familiar with it.

ひらがな / Hiragana

(1) こぴーきが　こわれたもので、わたしは　こまっている　/　こまっています。

(2) しごとは　やりがいがあるもので、たのしい　/　たのしいです。

(3) あなたに　あえたもので、げんきが　でた　/　げんきが　でました。

(4) けさ、あめが　ふったもので、しつどが　たかい　/　たかいです。

(5) さくばん、よふかししたもので、わたしは　ねむい　/　ねむいです。

(6) いぜん、このけんを　しらべたことがあるもので、わたしは　くわしい　/　くわしいです。

ローマ字 / Roman letters

(1) Kopî-ki ga kowareta mono de, watashi wa komatte iru/ komatteimasu.

(2) Shigoto wa yarigai ga aru mono de, tanoshî/ tanoshîdesu.

(3) Anata ni aeta mono de, genki ga deta/ genki ga demashita.

(4) Kesa, ame ga futta mono de, shitsudo ga takai/ takaidesu.

(5) Sakuban, yofukashi shita mono de, watashi wa nemui/ nemuidesu.

(6) Izen, kono-ken o shirabeta koto ga aru mono de, watashi wa kuwashî/ kuwashîdesu.

ものと思われる (mono to omowareru): to think, to suppose

Meaning:
to think; to suppose

Formation:
Phrase + ものと思われる

日本語 / にほんご / Japanese
(1) それは計画的犯行だったものと思われる　/　思われます。
(2) 竜巻は東京に到達する前に消滅したものと思われる　/　思われます。
(3) 調査後、事故の原因が明らかになるものと思われる　/　思われます。
(4) 建築家は、かなり前から病を患っていたものと思われる　/　思われます。
(5) その新しい治療方法が彼の病気に対して効果的だったものと思われる　/　思われます。
(6) 日本への外国人旅行者の数は増えていくものと思われる　/　思われます。

ことばと表現 / Words & Expressions
計画的犯行【けいかくてきはんこう】premeditated crime
竜巻【たつまき】tornadoto
病を患う【やまいをわずらう】to suffer an illness

英語 / えいご / English
(1) It is considered that it was a premeditated crime.
(2) It seems that the tornado disappeared before reaching Tokyo.
(3) After the investigation, it is believed that the cause of the accident will be revealed.
(4) It seems that the architect suffered an illness for a long time.
(5) It seems that the new treatment method was effective against his illness.
(6) It seems that the number of foreign travelers to Japan will continue to increase.

ひらがな / Hiragana
(1) それは　けいかくてき　はんこうだった　ものとおもわれる　/　おもわれます。
(2) たつまきは　とうきょうに　とうたつするまえに　しょうめつした　ものとおもわれる　/　おもわれます。
(3) ちょうさご、じこの　げんいんが　あきらかになる　ものとおもわれる　/　おもわれます。
(4) けんちくかは、かなりまえから　やまいを　わずらっていた　ものとおもわれる　/　おもわれます。

(5) その あたらしい ちりょうほうほうが かれの びょうきに たいして こうかてきだった ものとおもわれる / おもわれます。

(6) にほんへの がいこくじんりょこうしゃの かずは ふえていく ものとおもわれる / おもわれます。

ローマ字 / Roman letters

(1) Sore wa keikakuteki hankô datta mono to omowa reru/ omowa remasu.

(2) Tatsumaki wa Tôkyô ni tôtatsu suru mae ni shômetsu shita mono to omowa reru/ omowa remasu.

(3) Chôsa-go, jiko no gen'in ga akiraka ni naru monoto omowa reru/ omowa remasu.

(4) Kenchikuka wa, kanari mae kara yamai o wazuratte ita monoto omowa reru/ omowa remasu.

(5) Sono atarashî chiryô hôhô ga kare no byôki ni taishite kôka-tekidatta mono to omowa reru/ omowa remasu.

(6) Nihon e no gaikoku jin ryokô-sha no kazu wa fuete iku mono to omowa reru/ omowa remasu.

ものとして (mono toshite): to assume, to suppose

Meaning:
to assume; to suppose

Formation:
Verb-casual + ものとして
Noun + であるものとして
い adj + ものとして
な adj + である / な + ものとして

日本語 / にほんご / Japanese
(1) 天気が晴れるものとして、明日の計画を立てよう / 立てましょう。
(2) そこへ船で行くものとして、費用はいくらかかるだろうか / かかるでしょうか。
(3) 僕たちが一緒にいるのを見たものとして、あなたのお父さんは何と言うだろうか / 何と言うでしょうか？
(4) 終電に乗り遅れたものとして、あなたはどうする / どうしますか。
(5) 無人島に取り残されたものとして、あなたはどうする / どうしますか。
(6) 私が何も知らないものとして教えてください。

ことばと表現 / Words & Expressions
終電【しゅうでん】the last train
乗り遅れる【のりおくれる】to miss
無人島【むじんとう】desert island

英語 / えいご / English
(1) Suppose the weather will be sunny, let's make plans for tomorrow.
(2) Suppose we go there by boat, how much will it cost?
(3) Suppose your father saw us together, what would he say?
(4) Suppose that you miss the last train, what would you do?
(5) Suppose you were left alone on a desert island, what would you do?
(6) Please teach me as though I knew nothing.

ひらがな / Hiragana
(1) てんきが はれる ものとして、あしたの けいかくを たてよう / たてましょう。
(2) そこへ ふねで いく ものとして、ひようは いくらか かる だろうか / かかるでしょうか。
(3) ぼくたちが いっしょに いるのを みた ものとして、あなたの おとうさんは なんというだろうか / なんというでしょうか？
(4) しゅうでんに のりおくれた ものとして、あなたは どうする / どうしますか。

(5) むじんとうに とりのこされた ものとして、あなたは どうする / どうしますか。

(6) わたしが なにも しらない ものとして おしえてください。

ローマ字 / Roman letters

(1) Tenki ga hareru mono to shite, ashita no keikaku o tateyô/ tatemashô.

(2) Soko e fune de iku mono to shite, hiyô wa ikura kakarudarô ka/ kakarudeshô ka.

(3) Bokutachi ga issho ni iru no o mita mono to shite, anata no otôsan wa nan to iudarô ka/ nan to iudeshô ka?

(4) Shûden ni noriokureta mono to shite, anata wa dô suru/ dô shimasu ka.

(5) Mujintô ni tori nokosareta mono to shite, anata wa dô suru/ dô shimasu ka.

(6) Watashi ga nani mo shiranai mono to shite oshiete kudasai.

もさることながら (mo saru koto nagara): not only… but also

Meaning:
not only… but also… ; Not to mention A, B also; can't ignore…, but

Formation:
Noun 1 + もさることながら + Noun 2

日本語 / にほんご / Japanese
(1) 日本では野球もさることながら相撲も人気だ / 人気です。
(2) イギリスではサッカーもさることながらクリケットも人気だ / 人気です。
(3) 失業問題もさることながら環境問題も大切だ / 大切です。
(4) 自国の経済発展もさることながら地球環境についても真剣に考えなければならない / 考えなければなりません。
(5) この図書館は蔵書の多さもさることながらサービスが実に素晴らしい / 素晴らしいです。
(6) 就職先を決めるとき、仕事の内容もさることながら労働条件や待遇も考慮すべきだ / 考慮すべきです。

ことばと表現 / Words & Expressions
失業問題【しつぎょうもんだい】unemployment problem
蔵書【ぞうしょ】collection of books
待遇【たいぐう】treatment

英語 / えいご / English

(1) In Japan, baseball is clearly popular but so is Sumo.

(2) In the UK, soccer is clearly popular but so is Cricket.

(3) Although the unemployment problem can't be ignored, the environmental problem is also very important.

(4) Although the development of the country can't be ignored, we must seriously consider the global environment.

(5) This library's large collection of books is one thing, but the services they provide are really wonderful.

(6) When you decide to take a new job, you should consider not only the type of job but also the working conditions and treatment.

ひらがな / Hiragana

(1) にほんでは やきゅうもさることながら すもうも にんきだ / にんきです。

(2) いぎりすでは さっかーもさることながら くりけっとも にんきだ / にんきです。

(3) しつぎょうもんだいもさることながら かんきょうもんだいも たいせつだ / たいせつです。

(4) じこくのけいざいはってんもさることながら ちきゅうかんきょうについても しんけんに かんがえなければならない / かんがえなければ なりません。

(5) このとしょかんは ぞうしょのおおさもさることながら さーびすが じつに すばらしい / すばらしいです。

(6) しゅうしょくさきを きめるとき、しごとの ないようもさることながら ろうどうじょうけんや たいぐうも こうりょすべきだ / こうりょすべきです。

ローマ字 / Roman letters

(1) Nihon dewa yakyû mo saru kotonagara sumô mo ninki da/ ninki desu.

(2) Igirisu dewa sakkâ mo saru kotonagara kuriketto mo ninki da/ ninki desu.

(3) Shitsugyô mondai mo saru kotonagara kankyô mondai mo taisetsu da/ taisetsu desu.

(4) Jikoku no keizai hatten mo saru kotonagara chikyû kankyô ni tsuite mo shinken ni kangae nakereba naranai/ kangae nakereba narimasen.

(5) Kono toshokan wa zôsho no ô-sa mo saru kotonagara sâbisu ga jitsuni subarashî/ subarashî desu.

(6) Shûshoku-saki o kimeru toki, shigoto no naiyô mo saru kotonagara rôdô jôken ya taigû mo kôryo subeki da/ kôryo subeki desu.

もしくは (moshikuwa): or, otherwise

Meaning:
or; otherwise

Formation:
Noun + もしくは + Noun
Verbal Noun + もしくは + Verb

日本語 / にほんご / Japanese
(1) 今日もしくは明日、私は水族館に行く　／　行きます。
(2) 彼らは今週もしくは来週にはそれを決定する予定だ ／　予定です。
(3) ７月の第一週もしくは第二週に私は出張する予定だ ／　予定です。
(4) ７０年もしくは８０年が人間の普通の寿命期間だ　／ 寿命期間です。
(5) 私もしくは他のだれかがあなたを迎えに行く　／　迎えに行きます。
(6) このプレスリリースを中止もしくは延期させてください。

ことばと表現 / Words & Expressions
魚屋【さかなや】fish store
寿命【じゅみょう】lifetime
延期する【えんきする】to delay

英語 / えいご / English

(1) I will go to an aquarium today or tomorrow.

(2) They plan to give that decision this week or next week.

(3) I am planning to go on a business trip during the first or second week of July.

(4) Seventy or eighty years is the normal span of a man's life.

(5) Myself or someone else will go to pick you up.

(6) Please allow me to cancel or delay this press release.

ひらがな / Hiragana

(1) きょう　もしくは　あした、わたしは　すいぞくかんに　いく　/　いきます。

(2) かれらは　こんしゅう　もしくは　らいしゅうには　それを　けっていする　よていだ　/　よていです。

(3) しちがつの　だいいっしゅう　もしくは　だいにしゅうに　わたしは　しゅっちょうする　よていだ　/　よていです。

(4) ななじゅうねん　もしくは　はちじゅうねんが　にんげんの　ふつうの　じゅみょう　きかん　だ　/　じゅみょうきかん　です。

(5) わたし　もしくは　ほかの　だれかが　あなたを　むかえに　いく　/　むかえに　いきます。

(6) このぷれすりーすを　ちゅうし　もしくは　えんきさせてください。

ローマ字　/ Roman letters

(1) Kyô moshikuwa ashita, watashi wa suizokukan ni iku/ ikimasu.

(2) Karera wa konshû moshikuwa raishû ni wa sore o kettei suru yotei da/ yotei desu.

(3) Shichi gatsu no dai isshû moshikuwa dainishû ni watashi wa shutchô suru yotei da/ yotei desu.

(4) Nana jyu nen moshikuwa hachi jyu-nen ga ningen no futsû no jumyô kikan da/ jumyô kikan desu.

(5) Watashi moshikuwa hoka no dare ka ga anata o mukae ni iku/ mukae ni ikimasu.

(6) Kono puresurirîsu o chûshi moshikuwa enki sasete kudasai.

ながらに / ながらの (nagara ni/nagara no): while, during

Meaning:
without change; while; during

Formation:
Verb- ます stem + ながらに / ながらの
Noun + ながらに / ながらの

日本語 / にほんご / Japanese
(1) その外科医は生きながらに伝説となった　/　伝説となりました。
(2) その映画監督は生まれながらに偉大な才能に恵まれていた　/　恵まれていました。
(3) そのパン職人は涙ながらに友達と別れた　/　別れました。
(4) 今日、私はいつもながらの居酒屋で同僚と夕食を食べた　/　食べました。
(5) その店は、昔ながらの製法で豆腐を作っている　/　作っています。
(6) これは昔ながらの味だ　/　味です。

ことばと表現 / Words & Expressions
外科医【げかい】surgeon
才能【さいのう】talent
製法【せいほう】manufacturing process

英語 / えいご / English

(1) The surgeon　became a living legend.
(2) The film director was endowed with great talents.
(3) The baker parted from her friend in tears.
(4) I had dinner at the usual pub　with my colleagues today.
(5) That shop makes tofu using a traditional manufacturing process.
(6) This is a flavor from the old days.

ひらがな / Hiragana

(1) その　げかいは　いきながらに　でんせつと　なった　/　でんせつと　なりました。
(2) その　えいがかんとくは　うまれながらに　いだいな　さいのうに　めぐまれていた　/　めぐまれていました。
(3) その　ぱんしょくにんは　なみだながらに　ともだちと　わかれた　/　わかれました。
(4) きょう、わたしは　いつもながらの　いざかやで　どうりょうと　ゆうしょくをたべた　/　たべました。
(5) そのみせは、むかしながらの　せいほうで　とうふを　つくっている　/　つくっています。
(6) これは　むかしながらの　あじだ　/　あじです。

ローマ字　/ Roman letters

(1) Sono gekai wa iki nagara ni densetsu to natta/ densetsu to narimashita.

(2) Sono eiga kantoku wa umare nagara ni idaina sainô ni megumarete ita/ megumarete imashita.

(3) Sono pan shokunin wa namida nagara ni tomodachi to wakareta/ wakaremashita.

(4) Kyô, watashi wa itsumo nagara no izakaya de dôryô to yûshoku o tabeta/ tabemashita.

(5) Sono mise wa, mukashi nagara no seihô de tôfu o tsukutte iru/ tsukutte imasu.

(6) Kore wa mukashi nagara no aji da/ aji desu.

ないではおかない / ずにはおかない
(nai dewa okanai/zu niwa okanai): will definitely, cannot not

Meaning:
will definitely/certainly do something; cannot not

Formation:
Verb- ない form + ではおかない
Verb- ない form（-ない）+ ずにはおかない

日本語 / にほんご / Japanese
(1) この映画は見る者を感動させないではおかない ／ 感動させないでおきません。
(2) 今度こそ、本当のことを言わせないではおかない ／ 言わせないでおきません。
(3) 親友に裏切られたのだから、仕返しをしないではおかない ／ 仕返しをしないではおきません。
(4) 営業部長は売り上げ目標を達成させずにはおかない ／ 達成させずにおきません。
(5) 花火大会が中止になったら、子供たちはがっかりさせずにはおかない ／ がっかりさせずにおきません。
(6) 政治家の収賄事件が続けば、政治に対する不信を国民に促進させずにはおかない ／ 促進させずにおきません。

ことばと表現 / Words & Expressions
裏切る【うらぎる】to betray
仕返しをする【しかえしをする】to take revenge
収賄事件【しゅうわいじけん】bribe scandal
不信【ふしん】sense of distrust

英語 / えいご / English
(1) This movie will definitely move viewers.
(2) I'll definitely make you spill the truth this time.
(3) I was betrayed by my close friend, so I must take revenge.
(4) The Sales Manager will definitely achieve his sales goal.
(5) If the fireworks festival is canceled, children will be definitely disappointed.
(6) If bribe scandals of politicians continue, it will definitely encourage a sense of distrust against politics among citizens.

ひらがな / Hiragana
(1) この　えいがは　みるものを　かんどうさせないではおかない　/　かんどうさせないでおきません。
(2) こんどこそ、ほんとうの　ことを　いわせないではおかない　/　いわせないでおきません。
(3) しんゆうに　うらぎられた　のだから、しかえしをしないではおかない　/　しかえしを　しないではおきません。

(4) えいぎょうぶちょうは　うりあげもくひょうを　たっせいさせずにはおかない　/　たっせいさせずにおきません。

(5) はなびたいかいが　ちゅうしに　なったら、こどもたちは　がっかりさせずにはおかない　/　がっかりさせずにおきません。

(6) せいじかの　しゅうわいじけんが　つづけば、せいじに　たいする　ふしんを　こくみんに　そくしんさせずにはおかない　/　そくしんさせずにおきません。

ローマ字　/ Roman letters

(1) Kono eiga wa miru mono o kandô sa senaide wa okanai/ kandô sa senaide okimasen.

(2) Kondokoso, hontô no koto o iwa senaide wa okanai/ iwa senaide okimasen.

(3) Shin'yû ni uragira reta nodakara, shikaeshi o shinaide wa okanai/ shikaeshi o shinaide wa okimasen.

(4) Eigyô buchô wa uriage mokuhyô o tassei sa sezu ni wa okanai/ tassei sa sezu ni okimasen.

(5) Hanabi taikai ga chûshi ni nattara, kodomo-tachi wa gakkari sa sezu ni wa okanai/ gakkari sa sezu ni okimasen.

(6) Seijika no shûwai jiken ga tsuzukeba, seiji ni taisuru fushin o kokumin ni sokushin sa sezu ni wa okanai/ sokushin sa sezu ni okimasen.

ないではすまない / ずにはすまない (nai dewa sumanai/zu niwa sumanai): must

Meaning:
must; will definitely

Formation:
Verb- ない form + ではすまない
Verb- ない form（ーない）+ ずにはすまない

日本語 / にほんご / Japanese
(1) 君が間違いを犯したのだから、謝らないではすまない ／ 謝らないではすみません。
(2) あの社員は客の金を使ったので処罰されないではすまない ／ 処罰されないではすみません。
(3) 病院で検査の結果が悪かったので、入院しないではすまない ／ 入院しないですみません。
(4) 首相は法案の内容を知らずにはすまない ／ 知らずにはすみません。
(5) ウソがばれたら、本当のことを言わずにはすまない ／ 言わずにはすみません。
(6) 部長には大変お世話になったので、退職前に私は感謝の気持ちを伝えずにはすまない ／ 伝えずにはすみません。

ことばと表現 / Words & Expressions

処罰する【しょばつする】to punish
法案【ほうあん】legislative bill
感謝の気持ちを伝える【かんしゃのきもちをつたえる】
　　　　　　　　　to convey one's gratitude

英語 / えいご / English

(1) Since you made a mistake, you certainly must apologize to her.
(2) Since that employee used the customer's money, she must be punished.
(3) Since the result of the examination at the hospital was bad, I must go into hospital.
(4) The prime minister must know the content of the legislative bill.
(5) If your lie is revealed, you must tell the truth.
(6) Since the manager really helped me out, I must convey my gratitude to her before I retire.

ひらがな / Hiragana

(1) きみが　まちがいを　おかしたのだから、あやまらないではすまない　/　あやまらないではすみません。
(2) あのしゃいんは　きゃくの　かねを　つかったので　しょばつされないではすまない　/　しょばつされないではすみません。

(3) びょういんで　けんさの　けっかが　わるかったので、にゅういんしないではすまない　/　にゅういんしないですみません。

(4) しゅしょうは　ほうあんの　ないようを　しらずにはすまない　/　しらずにはすみません。

(5) うそがばれたら、ほんとうのことを　いわずにはすまない　/　いわずにはすみません。

(6) ぶちょうには　たいへん　おせわになったので、たいしょくまえに　わたしは　かんしゃの　きもちを　つたえずにはすまない　/　つたえずにはすみません。

ローマ字　/ Roman letters

(1) Kimi ga machigai o okashita nodakara, ayamaranaide wa sumanai/ ayamaranaide wa sumimasen.

(2) Ano shain wa kyaku no kane o tsukattanode shobatsu sa renaide wa sumanai/ shobatsu sa renaide wa sumimasen.

(3) Byôin de kensa no kekka ga warukattanode, nyûin shinaide wa sumanai/ nyûin shinaide sumimasen.

(4) Shushô wa hôan no naiyô o shirazuni wa sumanai/ shirazuni wa sumimasen.

(5) Uso ga baretara, hontô no koto o iwazu ni wa sumanai/ iwazu ni wa sumimasen.

(6) Buchô ni wa taihen osewa ni nattanode, taishoku mae ni watashi wa kansha no kimochi o tsutaezu ni wa sumanai/ tsutaezu ni wa sumimasen.

ないまでも (nai made mo): even if something isn't done

Meaning:
even if something isn't done;

Formation:
Verb- ない form + までも
Noun + でないまでも

日本語 / にほんご / Japanese
(1) フルマラソンを走らないまでも、来年はハーフマラソンぐらいは走りたい / 走りたいです。
(2) プロのコックとは呼ばないまでも、彼女は料理がかなり上手だ / 上手です。
(3) 結婚式に出席できないまでも、祝電は打つ予定だ / 予定です。
(4) 彼が犯人だと断定できないまでも、疑わしい点がたくさんある / たくさんあります。
(5) 海外旅行でないまでも、せめて国内旅行に行きたい / 行きたいです。
(6) 毎日でないまでも、週3回くらいは私はジムに行きたい / 行きたいです。

ことばと表現 / Words & Expressions

祝電を打つ【しゅくでんをうつ】 to send a congratulatory telegram

断定する【だんていする】to conclude

英語 / えいご / English

(1) Even if I will not take on the full marathon, I want to take on the half marathon next year.
(2) Even if we can't call her a professional cook, she's pretty good at cooking.
(3) Even if I can not attend the wedding ceremony, I will send a congratulatory telegram.
(4) Even if I can not conclude that he is the criminal, there is still something suspicious about him.
(5) Even if I am not traveling overseas, I would like to go on a domestic trip at least.
(6) Even if I don't go to the gym every day, I would like to go there about three times a week.

ひらがな / Hiragana

(1) ふるまらそんを はしらないまでも、らいねんは はーふまらそんぐらいは はしりたい / はしりたいです。
(2) ぷろのこっくとは よばないまでも、かのじょは りょうりが かなりじょうずだ / じょうずです。
(3) けっこんしきに しゅっせきできないまでも、しゅくでんは うつ よていだ / よていです。

(4) かれが はんにんだと だんていできないまでも、うたがわしい てんが たくさんある / たくさんあります。
(5) かいがいりょこうでないまでも、せめて こくないりょこうに いきたい / いきたいです。
(6) まいにちでないまでも、しゅうさんかいくらいは わたしは じむに いきたい / いきたいです。

ローマ字 / Roman letters

(1) Furu marason o hashiranai made mo, rainen wa hâfu marason gurai wa hashiri tai / hashiri tai desu.
(2) Puro no kokku to wa yobanai made mo, kanojo wa ryôri ga kanari jôzu da / jôzu desu.
(3) Kekkonshiki ni shusseki dekinai made mo, shukuden wa utsu yotei da / yotei desu.
(4) Kare ga han'ninda to dantei dekinai made mo, utagawashî ten ga takusan aru / takusan arimasu.
(5) Kaigai ryokô denai made mo, semete kokunai ryokô ni ikitai / ikitaidesu.
(6) Mainichi denai made mo, shû san-kai kurai wa watashi wa jimu ni ikitai / ikitai desu.

ないものか (nai mono ka): can't we…?, can't I…?

Meaning:
can't we…?; can't I…?;isn't there some way?

Formation:
Verb- ない form + もの（だろう）か

日本語 / にほんご / Japanese
(1) なんとか息子を助けられないものか / 助けられないでしょうか。
(2) なんとか妻の機嫌を直せないものか / 直せないでしょうか。
(3) なんとか人混みを避けられないものか / 避けられないでしょうか。
(4) 私たちは真犯人を特定できないものか / 特定できないでしょうか。
(5) 課長がどのように行動するか予想する方法はないものか / 方法はないものでしょうか。
(6) 現在の危機を打開する方法はないものか / 方法はないものでしょうか。

ことばと表現 / Words & Expressions

人混み【ひとごみ】 the crowds
の機嫌を直す【のきげんをなおす】 to make amends with
現在の危機を打開する【げんざいのききをだかいする】
to overcome the present crisis

英語 / えいご / English

(1) Can't I somehow help my son?
(2) Can't I make amends somehow with my wife?
(3) Can't I avoid the crowds somehow?
(4) Can't we identify the real criminal?
(5) Isn't there any way to predict how the Section Chief will act?
(6) Isn't there any way to overcome the present crisis?

ひらがな / Hiragana

(1) なんとか むすこを たすけられないものか / たすけられないでしょうか。
(2) なんとか つまの きげんを なおせないものか / なおせないでしょうか。
(3) なんとか ひとごみを さけられないものか / さけられないでしょうか。
(4) わたしたちは しんはんにんを とくていできないものか / とくていできないでしょうか。
(5) かちょうが どのように こうどうするか よそうする ほうほうは ないものか / ほうほうは ないものでしょうか。

(6) げんざいの ききを だかいする ほうほうは ないものか / ほうほうは ないものでしょうか。

ローマ字 / Roman letters

(1) Nantoka musuko o tasuke rarenai mono ka/ tasuke rarenai deshô ka.

(2) Nantoka tsuma no kigen o naosenai mono ka/ naosenai deshô ka.

(3) Nantoka hitogomi o sakke rarenai mono ka/ sake rarenai deshô ka.

(4) Watashitachi wa shinhan'nin o tokutei dekinai mono ka/ tokutei dekinai deshô ka.

(5) Kachô ga dono yô ni kôdô suru ka yosô suru hôhô wa nai mono ka/ hôhô wa nai mono deshô ka.

(6) Genzai no kiki o dakai suru hôhô wa nai mono ka/ hôhô wa nai mono deshô ka.

ないものでもない (nai mono demo nai): (something) is not entirely impossible

Meaning:

is not entirely impossible

Formation:

Verb- ない form +（もの）でもない

日本語 / にほんご / Japanese

(1) この問題は解けないものでもない　/　解けないものでもありません。

(2) 今週末、その山にまったく登れないものでもない　/　登れないものでもありません。

(3) 君がその試験に合格できないでもない　/　合格できないものでもありません。

(4) 条件によっては、彼を説得できないものでもない　/　説得できないものでもありません。

(5) 条件によっては、この仕事を引き受けないものでもない　/　引き受けないものでもありません。

(6) 少し遠いが、そこまで歩けないものでもない　/　歩けないものでもありません。

ことばと表現 / Words & Expressions
条件によっては【じょうけんによっては】 depending on the conditions
引き受ける【ひきうける】to take; to take over

英語 / えいご / English
(1) It is not impossible to solve this problem.
(2) It's not absolutely impossible to climb the mountain this weekend.
(3) It is not impossible for you to pass that test.
(4) It's not impossible to persuade him depending on the conditions.
(5) I may take the job depending on the conditions.
(6) Though it's a bit far, we can walk there.

ひらがな / Hiragana
(1) このもんだいは　とけないものでもない　/　とけないものでもありません。
(2) こんしゅうまつ、そのやまに　まったく　のぼれないものでもない　/　のぼれないものでもありません。
(3) きみが　そのしけんに　ごうかくできないでもない　/　ごうかくできないものでもありません。
(4) じょうけんによっては、かれを　せっとくできないものでもない　/　せっとくできないものでもありません。

(5) じょうけんによっては、このしごとを　ひきうけないものでもない　/　ひきうけないものでもありません。
(6) すこし　とおいが、そこまで　あるけないものでもない　/　あるけないものでもありません。

ローマ字　/ Roman letters

(1) Kono mondai wa hodokenai monode mo nai/ hodokenai monode mo arimasen.
(2) Ima shûmatsu, sono yama ni mattaku noborenai monode mo nai/ noborenai monode mo arimasen.
(3) kimi ga sono shiken ni gôkaku dekinai demonai/ gôkaku dekinai monode mo arimasen.
(4) Jôken ni yotte wa, kare o settoku dekinai monode mo nai/ settoku dekinai monode mo arimasen.
(5) Jôken ni yotte wa, kono shigoto o hikiukenai monode mo nai/ hikiukenai monode mo arimasen.
(6) Sukoshi tôiga, soko made arukenai monode mo nai/ arukenai monode mo arimasen.

ないとも限らない (nai tomo kagiranai): might

Meaning:
might

Formation:
Verb- ない form + とも限らない

日本語 / にほんご / Japanese
(1) 道に迷わないとも限らない　/　迷わないとも限りません。
(2) 私が間違っていないとも限らない　/　間違っていないとも限りません。
(3) 私たちがパーティーに遅れないとも限らない　/　遅れないとも限りません。
(4) 事故が起きないとも限らない　/　起きないとも限りません。
(5) 午後から雨が降らないとも限らない　/　降らないとも限りません。
(6) 私がそれを追加購入しないとも限らない　/　追加購入しないとも限りません。

ことばと表現 / Words & Expressions
追加購入する【ついかこうにゅうする】
　　　　　　　to make an additional purchase

英語 / えいご / English

(1) I might get lost.

(2) I might be wrong.

(3) We might arrive late to the party.

(4) There may be an accident.

(5) It might rain from the afternoon.

(6) I might make an additional purchase.

ひらがな / Hiragana

(1) みちに　まよわないともかぎらない　/　まよわないともかぎりません。

(2) わたしが　まちがっていないともかぎらない　/　まちっていないともかぎりません。

(3) わたしたちが　ぱーてぃーにおくれないともかぎらない　/　おくれないともかぎりません。

(4) じこが　おきないともかぎらない　/　おきないともかぎりません。

(5) ごごから　あめが　ふらないともかぎらない　/　ふらないともかぎりません。

(6) わたしが　それを　ついかこうにゅうしないともかぎらない　/　ついかこうにゅうしないともかぎりません。

ローマ字 / Roman letters

(1) Michi ni mayowanai tomo kagiranai/ mayowanai tomo kagirimasen.

(2) Watashi ga machigatteinai tomo kagiranai/ machigatteinai tomo kagirimasen.

(3) Watashitachi ga pâtî ni okurenaitomo kagiranai/ okurenaitomo kagirimasen.

(4) Jiko ga okinai tomo kagiranai/ okinai tomo kagirimasen.

(5) Gogo kara ame ga furanaitomo kagiranai/ furanaitomo kagirimasen.

(6) Watashi ga sore o tsuika kônyû shinaitomo kagiranai/ tsuika kônyû shinaitomo kagirimasen.

なくして (nakushite): without

Meaning:
without

Formation:
Noun + なくして（は）

日本語 / にほんご / Japanese
(1) 水なくして魚は生きられない　/　生きられません。
(2) 努力なくして人は成功できない　/　成功できません。
(3) 許可なくして立ち入りを禁ず　/　禁じます。
(4) お互いへの尊敬なくして、友情は続かない　/続きません。
(5) 私の許可なくして君はそんなことすべきではなかった　/　すべきではありませんでした。
(6) 危険を冒すことなくして何も得られない　/　得られません。

ことばと表現 / Words & Expressions
危険を冒す【きけんをおかす】to venture

英語 / えいご / English

(1) Fish can't survive without water.
(2) Without great effort, one cannot succeed.
(3) No entry without permission.
(4) Without respect for each other, friendship does not last.
(5) You should not have done it without my permission.
(6) Nothing ventured, nothing gained.

ひらがな / Hiragana

(1) みずなくして　さかなは　いきられない　/　いきられません。
(2) どりょくなくして　ひとは　せいこうできない　/　せいこうできません。
(3) きょかなくして　たちいりを　きんず　/　きんじます。
(4) おたがいへの　そんけいなくして、ゆうじょうは　つづかない　/つづきません。
(5) わたしの　きょかなくして、きみは　そんなこと　すべきではなかった　/　すべきではありませんでした。
(6) きけんを　おかすことなくして　なにもえられない　/　えられません。

ローマ字 / Roman letters

(1) Mizu nakushite sakana wa iki rarenai/ iki raremasen.

(2) Doryoku nakushite hito wa seikô dekinai/ seikô dekimasen.

(3) Kyoka nakushite tachi iri o kinzu/ kinjimasu.

(4) Otagai e no sonkei nakushite, yûjô wa tsuzukanai/ tsuzukimasen.

(5) Watashi no kyoka nakushite kimi wa son'na ko to subekide wa nakatta/ subekide wa arimasendeshita.

(6) Kiken o okasu koto nakushite nani mo e rarenai/ e raremasen.

何しろ (nani shiro): in any case, as you know

Meaning:
at any rate; anyway; in any case; because; as you know

Formation:
何しろ + phrase

日本語 / にほんご / Japanese
(1) この試験は難しいですが、何しろ合格しないといけない　/　合格しないといけません。
(2) 彼の試験の成績はあまりよくなかったが、何しろ合格はした　/　合格はしました。
(3) 私は全力を尽くします、なにしろ目標があるので　/　目標がありますので。
(4) 私たちはケーキをたくさん売るだろう。何しろクリスマス直前だから　/　直前ですから。
(5) 私は嬉しい。何しろ今日は給料日だから　/　給料日ですから。
(6) 汚れた洗濯物がたまっていたが、何しろ週末なので、弟はすべて洗濯することにした　/　洗濯することにしました。

ことばと表現 / Words & Expressions
給料日【きゅうりょうび】pay day

英語 / えいご / English

(1) This exam is difficult but I have to pass anyhow.
(2) He didn't do the test very well, but at any rate, he passed.
(3) I will do my best because I have a goal.
(4) We will sell many cakes on that day because it is right before Christmas.
(5) I'm happy because today is payday.
(6) My younger brother's dirty laundry is piling up so he decided to do laundry this weekend at any rate.

ひらがな / Hiragana

(1) このしけんは　むずかしいですが、なにしろ　ごうかくしないと　いけない　/　ごうかくしないといけません。
(2) かれの　しけんの　せいせきは　あまり　よくなかったが、なにしろ　ごうかくはした　/　ごうかくはしました。
(3) わたしは　ぜんりょくを　つくします、なにしろ　もくひょうが　あるので　/　もくひょうが　ありますので。
(4) わたしたちは　けーきを　たくさん　うるだろう。なにしろ　くりすます　ちょくぜん　だから　/　ちょくぜん　ですから。
(5) わたしはうれしい。なにしろ　きょうは　きゅうりょうび　だから　/　きゅうりょうび　ですから。
(6) よごれた　せんたくものが　たまっていたが、なにしろ　しゅうまつなので、おとうとは　すべて　せんたくすることにした　/　せんたくすることにしました。

ローマ字　/ Roman letters

(1) Kono shiken wa muzukashî desuga, nanishiro gôkaku shinaito ikenai/ gôkaku shinaito ikemasen.

(2) Kare no shiken no seiseki wa amari yokunakatta ga, nanishiro gôkaku wa shita/ gôkaku wa shimashita.

(3) Watashi wa zenryoku o tsukushimasu, nanishiro mokuhyô ga aru node/ mokuhyô ga arimasunode.

(4) Watashitachi wa kêki o takusan urudarô. Nanishiro kurisumasu chokuzen dakara/ chokuzen desukara.

(5) Watashi wa ureshî. Nanishiro kyô wa kyûryô bi dakara/ kyûryô bi desukara.

(6) Yogoreta sentaku mono ga tamatte itaga, nanishiro shûmatsunanode, otôto wa subete sentaku suru koto ni shita/ sentaku suru koto ni shimashita.

なしに (nashi ni): without

Meaning:
without

Formation:
Noun + なしに (は)/ なしでは

日本語 / にほんご / Japanese
(1) 知恵は経験なしは得られない　/　得られません。
(2) 私たちは空気と水なしに生きられない　/　生きられません。
(3) 私は父の車を彼の許可なしに運転した　/　運転しました。
(4) 価格は予告なしに変わることがある　/　変わることがあります。
(5) ノックなしでは私の部屋に入らないでください。
(6) 労働者は事前通知なしでは解雇されることはない　/　解雇されることはありません。

ことばと表現 / Words & Expressions
事前通知【じぜんつうち】previous notice
労働者【ろうどうしゃ】worker

英語 / えいご / English

(1) Wisdom cannot come without experience.
(2) We cannot live without air and water.
(3) I drove my father's car without his permission.
(4) The prices are subject to change without notice.
(5) Please don't enter my room without knocking.
(6) No workers can be dismissed without previous notice.

ひらがな / Hiragana

(1) ちえは　けいけんなしに　えられない　/　えられません。
(2) わたしたちは　くうきとみずなしに　いきられない　/　いきられません。
(3) わたしは　ちちの　くるまを　かれの　きょかなしに　うんてんした　/　うんてんしました。
(4) かかくは　よこくなしに　かわることがある　/　かわることがあります。
(5) のっくなしでは　わたしの　へやに　はいらないで　ください。
(6) ろうどうしゃは　じぜんつうちなしでは　かいこされる　ことはない　/　かいこされる　ことはありません。

ローマ字　/ Roman letters

(1) Chie wa keiken nashi ni erare nai/ erare masen.

(2) Watashitachi wa kûki to mizu nashi ni iki rarenai/ iki raremasen.

(3) Watashi wa chichi no kuruma o kare no kyoka nashi ni unten shita/ unten shimashita.

(4) Kakaku wa yokoku nashi ni kawaru koto ga aru/ kawaru koto ga arimasu.

(5) Nokku nashide wa watashi no heya ni hairanaide kudasai.

(6) Rôdô-sha wa jizen tsûchi nashide wa kaiko sareru koto wanai/ kaiko sareru koto wa arimasen.

ならでは (nara dewa): uniquely applying to

Meaning:
uniquely applying to; special to ; if it's not A, B is impossible

Formation:
noun + ならでは + の + noun

日本語 / にほんご / Japanese
(1) これはこのレストランならではの味だ　/　味です。
(2) それはあなたならではの発想だ　/　発想です。
(3) この祭りこそは京都ならではの光景だ　/　光景です。
(4) 彼女は地方ならではの魅力的な仕事を見つけた　/　見つけました。
(5) ここでは地元ならではの生活用品や食料品が買える　/　買えます。
(6) 世界各国にはその国ならではの伝統文化と風習がある　/　風習があります。

ことばと表現 / Words & Expressions
地方【ちほう】region
地元【じもと】hometown
風習【ふうしゅう】custom

英語 / えいご / English

(1) This taste is only found in this restaurant.
(2) That is something that only you can think of.
(3) Only Kyoto could make such a festival scene.
(4) She found a charming type of work specific to the region.
(5) You can buy daily and food products found only in the hometown here.
(6) Each country in the world has its own unique traditional culture and custom.

ひらがな / Hiragana

(1) これは　このれすとらんならではの　あじだ　/　あじです。
(2) それは　あなたならではの　はっそうだ　/　はっそうです。
(3) このまつりこそは　きょうとならではの　こうけいだ　/　こうけいです。
(4) かのじょは　ちほうならでは　のみりょくてきなしごとを　みつけた　/　みつけました。
(5) ここでは　じもとならではの　せいかつようひんやしょくりょうひんが　かえる　/　かえます。
(6) せかい　かっこくには　そのくにならではの　でんとうぶんかと　ふうしゅうが　ある　/　ふうしゅうがあります。

ローマ字 / Roman letters

(1) Kore wa kono resutoran-naradewa no aji da/ aji desu.

(2) Sore wa anata-naradewa no hassô da/ hassô desu.

(3) Kono matsuri koso wa Kyôto-naradewa no kôkei da/ kôkei desu.

(4) Kanojo wa chihô-naradewa no miryoku-tekina shigoto o mitsuketa/ mitsukemashita.

(5) Kokode wa jimoto-naradewa no seikatsu yôhin ya shokuryôhin ga kaeru/ kaemasu.

(6) Sekai kakkoku ni wa sono kuni-naradewa no dentô bunka to fûshû ga aru/ fûshû ga arimasu.

ならいざしらず (nara iza shirazu): I don't know about A, but B

Meaning:
I don't know about A, but B; A is acceptable, but B

Formation:
Noun + ならいざ知らず / はいざ知らず

日本語 / にほんご / Japanese
(1) 一週間後ならいざ知らず、明日までに書類を作成するのは不可能だ　／　不可能です。
(2) 国内旅行ならいざ知らず、海外旅行となると準備に時間がかかる　／　かかります。
(3) 子供ならいざ知らず、大人がこんなミスをするなんて受け入れられない　／　受け入れられません。
(4) 他の人ならいざしらず、私はそんなことできない　／　できません。
(5) 専門家ならいざ知らず、素人ではこの陶器を作ることができない　／　作ることができません。
(6) 安いホテルならいざ知らず、一流ホテルでこんなにサービスが悪いなんて許せない　／　許せません。

ことばと表現 / Words & Expressions
書類を作成する【しょるいをさくせいする】to write out a document
一流【いちりゅう】first-class

英語 / えいご / English

(1) If I do not know about a week later, but it is impossible for me to write out a document by tomorrow.
(2) I don't know about a domestic trip, but it will take time to prepare for a trip abroad.
(3) It's acceptable for kids to make this kind of mistake, but not for adults.
(4) Maybe it's possible for someone, but I can't do that.
(5) Maybe it's possible for an expert, but a beginner can't make this pottery.
(6) It may be okay for a cheap hotel to have such bad service, but not a first-class hotel.

ひらがな / Hiragana

(1) いっしゅうかんごならいざしらず、あすまでに しょるいを さくせいするのは ふかのうだ / ふかのうです。
(2) こくないりょこうならいざしらず、かいがいりょこうとなると じゅんびに じかんが かかる / かかります。
(3) こどもならいざしらず、おとなが こんなミスをする なんて ういれられない / うけいれられません。
(4) ほかの ひとならいざしらず、わたしは そんなことできない / できません。
(5) せんもんかならいざしらず、しろうとでは このとうきを つくることができない / つくることができません。

(6) やすい　ほてる　ならいざしらず、いちりゅう　ほてるで　こんなに さーびすが　わるいなんてゆるせない / ゆるせません。

ローマ字　/ Roman letters

(1) Isshûkan go nara izashirazu, ashita made ni shorui o sakusei suru no wa fukanô da/ fukanô desu.

(2) Kokunai ryokô nara izashirazu, kaigai ryokô to naru to junbi ni jikan ga kakaru/ kakarimasu.

(3) Kodomo nara izashirazu, otona ga kon'na misu o suru nante ukeire rare nai/ ukeire rare masen.

(4) Hoka no hito nara iza shirazu, watashi wa son'na koto deki nai/ deki masen.

(5) Senmonka nara izashirazu, shirôto de wa kono tôki o tsukuru koto ga dekinai/ tsukuru koto ga dekimasen.

(6) Yasui hoteru nara izashirazu, ichiryû hoteru de kon'nani sâbisu ga warui nante yuruse nai/ yuruse masen.

なり (nari): as soon as

Meaning:
as soon as

Formation:
Verb-dictionary form + なり

日本語 / にほんご / Japanese
(1) その男は警官を見るなり逃げた　/　逃げました。
(2) 総務部長は仕事が終わるなり帰宅した　/　帰宅しました。
(3) 清掃員は私に会うなり泣き出した　/　泣き出しました。
(4) 猫は動物病院に到着するなり暴れだした　/　暴れだしました。
(5) 税理士はその知らせを聞くなりすぐに誰かと電話で話し始めた　/　電話で話し始めました。
(6) 精神科医は飛行機に乗るなり眠った　/　眠りました。

ことばと表現 / Words & Expressions
総務部長【そうむぶちょう】Administrative Manager
清掃員【せいそういん】cleaner
精神科医【せいしんかい】psychiatrist

英語 / えいご / English

(1) As soon as the man saw a policeman, he ran away.
(2) As soon as the Administrative Manager finished work, he went home.
(3) As soon as the cleaner saw me, she started crying.
(4) As soon as the cat arrived at the animal hospital, it started struggling.
(5) As soon as the tax accountant heard that news, he started talking with someone on the phone.
(6) As soon as the psychiatrist got on the plane, she fell asleep.

ひらがな / Hiragana

(1) そのおとこは　けいかんを　みるなり　にげた　/ にげました。
(2) そうむぶちょうは　しごとが　おわるなり　きたくした　/ きたくしました。
(3) せいそういんは　わたしに　あうなり　なきだした　/ なきだしました。
(4) ねこは　どうぶつびょういんに　とうちゃくするなり　あばれだした　/ あばれだしました。
(5) ぜいりしは　そのしらせを　きくなり　すぐに　だれかと　でんわで　はなしはじめた　/ でんわで　はなしはじめました。
(6) せいしんかいは　ひこうきに　のるなり　ねむった　/ ねむりました。

ローマ字 / Roman letters

(1) Sono otoko wa keikan o miru nari nigeta/ nigemashita.

(2) Sômu buchô wa shigoto ga owaru nari kitaku shita/ kitaku shimashita.

(3) Seisô-in wa watashi ni au nari naki dashita/ naki dashimashita.

(4) Neko wa dôbutsu byôin ni tôchaku suru nari abare dashi ta/ abare dashi mashita.

(5) Zeirishi wa sono shirase o kiku nari sugu ni dare ka to denwa de hanashi hajimeta/ denwa de hanashi hajimemashita.

(6) Seishinkai wa hikôkini noru nari nemutta/ nemurimashita.

なり〜なり (nari~nari): or

Meaning:
or

Formation:
Verb-dictionary form + なり + Verb-dictionary form + なり
Noun + なり + Noun + なり

日本語 / にほんご / Japanese
(1) 英語なり中国語なり、私は外国語を身につけたい / 身につけたいです。
(2) ラーメンなり寿司なりなんでも好きなものを食べて下さい。
(3) 来年、私は東京なり京都なり日本へ旅行に行きたい / 行きたいです。
(4) 電話なりメールなりで、支店長に連絡してください。
(5) 顔色がかなり悪いですよ。座るなり横になるなり、楽にしなさい / 楽にしてください。
(6) その本棚をもう使わないなら、人にあげるなり捨てるなりしたほうがいいと思う / いいと思います。

ことばと表現 / Words & Expressions
支店長【してんちょう】Branch Chief
楽にする【らくにする】to make someone comfortable

英語 / えいご / English

(1) Either English or Chinese, I want to master a foreign language.
(2) Either ramen or sushi, please feel free to eat whatever you like.
(3) Next year, I'd like to go on a trip to Japan like Tokyo or Kyoto.
(4) Please get in touch with Branch Chief either by phone or email.
(5) You're face is pretty pale. Please sit down or lay down, whatever makes you comfortable.
(6) If you are no longer using the book shelve, I think it's better to either give it away or throw it out.

ひらがな / Hiragana

(1) えいごなり ちゅうごくごなり、わたしは がいこくご を みにつけたい / みにつけたいです。
(2) らーめんなり すしなり なんでも すきなものを たべてください。
(3) らいねん、わたしは とうきょうなり きょうとなり にほんへ りょこうに いきたい / いきたいです。
(4) でんわなり めーるなりで、してんちょうに れんらく してください。
(5) かおいろが かなり わるいですよ。すわるなり よこになる なり、らくにしなさい / らくにしてください。
(6) そのほんだなを もうつかわないなら、ひとに あげるなり すてるなり したほうが いいとおもう / いいとおもいます。

ローマ字 / Roman letters

(1) Eigo nari Chûgokugo nari, watashi wa gaikoku-go o mi ni tsuketai/ mi ni tsuketaidesu.

(2) Râmen nari sushi nari nan demo sukina mono o tabete kudasai.

(3) Rainen, watashi wa Tôkyô nari Kyôto nari Nihon e ryokô ni ikitai/ ikitaidesu.

(4) Denwa nari mêru nari de, shitenchô ni renraku shite kudasai.

(5) Kaoiro ga kanari warui desu yo. Suwaru nari yoko ni naru nari, raku ni shi nasai/ raku ni shite kudasai.

(6) Sono hondana o mô tsukawanai nara, hito ni ageru nari suteru nari shita hô ga î to omô/ î to omoi masu.

なりに / なりの (nari ni/nari no): in one's own way or style

Meaning:
in one's own way or style

Formation:
Noun + なりに / なりの
い adj + なりに / なりの

日本語 / にほんご / Japanese
(1) 祖父は初心者なりによくやった　/　よくやりました。
(2) 子供は子供なりに自分の世界を持っている　/　持っています。
(3) この一年間のあなたの協力に私は私なりに感謝しています。
(4) 毎日、私は自分なりに工夫しながら日本語を勉強している　/　勉強しています。
(5) 動物は動物なりのコミュニケーション方法がある　/　方法があります。
(6) この経験はビジネスやデザインに対する自分なりの方法を確立するのに役立った　/　役立ちました。

ことばと表現 / Words & Expressions
初心者【しょしんしゃ】beginner
確立する【かくりつ】to shape; to establish

英語 / えいご / English

(1) My grandfather did well for a beginner.
(2) Kids have kids own world.
(3) I feel grateful in my own way for the year of your cooperation.
(4) I study Japanese every day while devising my own way.
(5) Animals have their own way of communicating.
(6) This experience helped shape my approach to business and design.

ひらがな / Hiragana

(1) そふは　しょしんしゃなりに　よくやった　/　よくやりました。
(2) こどもは　こどもなりに　じぶんの　せかいを　もっている　/　もっています。
(3) このいちねんかんの　あなたの　きょうりょくに　わたしは　わたしなりに　かんしゃしています。
(4) まいにち、わたしは　じぶんなりに　くふうしながら　にほんごを　べんきょうしている　/　べんきょうしています。
(5) どうぶつは　どうぶつなりの　こみゅにけーしょん　ほうほうが　ある　/　ほうほうが　あります。
(6) このけいけんは　びじねすや　でざいんにたいする　じぶんなりの　ほうほうを　かくりつするのに　やくだった　/　やくだちました。

ローマ字 / Roman letters

(1) Sofu wa shoshinsha nari ni yoku yatta/ yoku yarimashita.

(2) Kodomo wa kodomo nari ni jibun no sekai o motte iru/ motte imasu.

(3) Kono ichi nen kan no anata no kyôryoku ni watashi wa watashi nari ni kansha shite imasu.

(4) Mainichi, watashi wa jibun nari ni kufû shinagara Nihongo o benkyô shite iru/ benkyô shite imasu.

(5) Dôbutsu wa dôbutsu nari no komyunikêshon hôhô ga aru/ hôhô ga arimasu.

(6) Kono keiken wa bijinesu ya dezain ni taisuru jibun nari no hôhô o kakuritsu suru no ni yakudatta/ yakudachi mashita.

なりとも (naritomo): even a little, at least

Meaning:
even a little; at least

Formation:
Noun + なりとも

日本語 / にほんご / Japanese
(1) 私は少しなりとも自信を持ちたい / 自信を持ちたいです。
(2) 私は少しなりとも運動をすべきだ / 運動をすべきです。
(3) 多少なりともこの会社の売り上げを上げるお手伝いをしたい / お手伝いをしたいです。
(4) 国際的な文化交流に多少なりとも貢献できれば大変光栄に思います。
(5) 少しなりとも情報をくれますか / 情報をくれませんか。
(6) 理事長に一目なりとも会わせていただけませんでしょうか。

ことばと表現 / Words & Expressions
大変光栄に思う【たいへんこうえいにおもう】 to feel deeply honored
一目【ひとめ】 a second;in one glance
理事長【りじちょう】 board chairmen

英語 / えいご / English

(1) I want to have confidence, even just a little.
(2) I should exercise even just a little bit.
(3) I would like to help this company raise sales in a greater or lesser degree.
(4) I would feel deeply honored if we can make even a slight contribution to international cultural interchange.
(5) Could you give me even just a little information?
(6) Could you please let me see the board chairmen just for even a second?

ひらがな / Hiragana

(1) わたしは すこしなりとも じしんを もちたい / じしんを もちたいです。
(2) わたしは すこしなりとも うんどうを すべきだ / うんどうを すべきです。
(3) たしょうなりとも このかいしゃの うりあげを あげる おてつだいを したい / おてつだいを したいです。
(4) こくさいてきな ぶんかこうりゅうに たしょうなりとも こうけんできれば たいへんこうえいに おもいます。
(5) すこしなりとも じょうほうを くれますか / じょうほうをくれませんか。
(6) りじちょうに ひとめなりとも あわせて いただけませんでしょうか。

ローマ字 / Roman letters

(1) Watashi wa sukoshi naritomo jishin o mochitai/ jishin o mochitaidesu.

(2) Watashi wa sukoshi naritomo undô o subekida/ undô o subekidesu.

(3) Tashô naritomo kono kaisha no uriage o ageru otetsudai o shitai/ otetsudai o shitaidesu.

(4) Kokusai teki na bunka kôryû ni tashô naritomo kôken dekireba taihen kôei ni omoi masu.

(5) Sukoshi nari tomo jôhô o kuremasu ka/ jôhô o kuremasen ka.

(6) Rijichô ni hitome nari-tomo awa sete itadake masen deshô ka.

に値する (ni atai suru): to be worth, to deserve

Meaning:
to be worth; to deserve

Formation:
Verb-dictionary form + に値する
Noun + に値する

日本語 / にほんご / Japanese
(1) この本は熟読するに値する　／　値します。
(2) あの博物館は行ってみるに値する　／　値します。
(3) 見るに値するテレビ番組はごくわずかだ　／　わずかです。
(4) その問題は記憶に値する　／　値します。
(5) 彼の提案は考慮に値する　／　値します。
(6) その会社は投資に値する価値を持っている　／　持っています。

ことばと表現 / Words & Expressions
熟読する【じゅくどくする】to read carefully
行ってみる【いってみる】to visit

英語 / えいご / English

(1) This book is well worth careful reading.
(2) That museum is worth visiting.
(3) Only a few TV programs are worth watching.
(4) The problem is worthy of being remembered.
(5) His proposal is worthy to be considered.
(6) That company has a value worth investing in.

ひらがな / Hiragana

(1) このほんは じゅくどくするに あたいする / あたいします。
(2) あの はくぶつかんは いってみるにあたいする / あたいします。
(3) みるにあたいする てれびばんぐみは ごく わずかだ / わずかです。
(4) その もんだいは きおくにあたいする / あたいします。
(5) かれの ていあんは こうりょにあたいする / あたいします。
(6) そのかいしゃは とうしにあたいする かちを もっている / もっています。

ローマ字　/ Roman letters

(1) Kono hon wa jukudoku suru ni ataisuru/ atai shimasu.

(2) Ano hakubutsukan wa itte miru ni ataisuru/ atai shimasu.

(3) Miru ni ataisuru terebi bangumi wa goku wazukada/ wazukadesu.

(4) Sono mondai wa kioku ni ataisuru/ atai shimasu.

(5) Kare no teian wa kôryo ni ataisuru/ atai shimasu.

(6) Sono kaisha wa tôshi ni ataisuru kachi o motte iru/ motte imasu.

なるべく (narubeku): as much as possible

Meaning:
as much as possible

Formation:
なるべく + action

日本語 / にほんご / Japanese
(1) 私はなるべく野菜を食べるようにしている ／ 食べるようにしています。
(2) 私はなるべくあなたを傷つけたくなかった ／ 傷つけたくありませんでした。
(3) 私はなるべく早く返信する ／ 返信します。
(4) 私はなるべく早く診察を受けたいのですが。
(5) なるべく漢字で書いてください。
(6) なるべくゆっくり話してもらえますか ／ 話してもらえませんか。

ことばと表現 / Words & Expressions
診察を受ける【しんさつをうける】to see a doctor

英語 / えいご / English

(1) I'm trying to eat vegetables as much as I can.
(2) I wanted to not hurt you as much as possible.
(3) I will reply as soon as possible.
(4) I'd like to come to see the doctor as soon as possible.
(5) Please write in Kanji as much as possible you can.
(6) Could you speak as slowly as possible?

ひらがな / Hiragana

(1) わたしは　なるべくやさいを　たべるようにしている　/　たべるようにしています。
(2) わたしは　なるべく　あなたを　きずつけたくなかった　/　きずつけたくありませんでした。
(3) わたしは　なるべく　はやく　へんしんする　/　へんしんします。
(4) わたしは　なるべく　はやく　しんさつを　うけたいのですが。
(5) なるべく　かんじで　かいてください。
(6) なるべく　ゆっくり　はなしてもらえますか　/　はなしてもらえませんか。

ローマ字 / Roman letters

(1) Watashi wa narubeku yasai o taberu yô ni shite iru/ taberu yô ni shite imasu.

(2) Watashi wa narubeku anata o kizutsuketaku nakatta/ kizutsuketaku arimasendeshita.

(3) Watashi wa narubeku hayaku henshin suru/ henshin shimasu.

(4) Watashi wa narubeku hayaku shinsatsu o uketai nodesu ga.

(5) Narubeku kanji de kaite kudasai.

(6) Narubeku yukkuri hanashite morae masu ka/ hanashite morae masen ka.

にあたらない (ni ataranai): it's not worth, there's no need to

Meaning:
it's not worth; there's no need to

Formation:
Verb-dictionary form + に (は) あたらない

日本語 / にほんご / Japanese
(1) そう急ぐにあたらない / 急ぐにあたりません。
(2) この映画はこれ以上見るにあたらない / 見るにあたりません。
(3) 2018 年ワールドカップでのフランスの優勝は驚くにあたらない / 驚くにあたりません。
(4) そのくらいの借金でくよくよするにはあたらない / くよくよするにあたりません。
(5) その程度のことで怒るにはあたらない / 怒るにはあたりません。
(6) 工場長がまた会議に遅れてきたことはまったく驚くにはあたらない / 驚くにはあたりません。

ことばと表現 / Words & Expressions
これ以上【これいじょう】any further
くよくよする【--】to worry
工場長【こうじょうちょう】Factory Manager

英語 / えいご / English

(1) You need not be in such a hurry.
(2) This movie is not worth watching any further.
(3) The winning of France in the 2018 World Cup is not necessarily surprised.
(4) Such a small debt is not worth worrying about.
(5) There's no need to get mad over such a trivial thing.
(6) It's hardly surprising that the Factory Manager came late for the meeting again.

ひらがな / Hiragana

(1) そう いそぐにあたらない / いそぐにあたりません。
(2) この えいがは これいじょう みるにあたらない / みるにあたりません。
(3) にせん じゅうはちねん わーるどかっぷでの ふらんす の ゆうしょうは おどろくにあたらない / おどろくにあたりません。
(4) そのくらいの しゃっきんで くよくよするにはあたらない / くよくよするにあたりません。
(5) そのていどのことで おこるにはあたらない / おこるにはあたりません。
(6) こうじょうちょうが また かいぎに おくれてきたことは まったく おどろくにはあたらない / おどろくにはあたりません。

ローマ字 / Roman letters

(1) Sô isogu ni ataranai/ isogu ni atarimasen.

(2) Kono eiga wa kore ijô miru ni ataranai/ miru ni atarimasen.

(3) Nisen jyu hachi nen wârudokappu de no Furansu no yûshô wa odoroku ni ataranai/ odoroku ni atarimasen.

(4) Sono kurai no shakkin de kuyokuyo suru niwa ataranai/ kuyokuyo suru ni atarimasen.

(5) Sono teido no koto de okoru niwa ataranai/ okoru ni wa atarimasen.

(6) Kôjôchô ga mata kaigi ni okurete kita koto wa mattaku odoroku niwa ataranai/ odoroku niwa atarimasen.

にあって (ni atte): at, during, in the condition of

Meaning:
in; on; at; during; in the condition of

Formation:
Noun + にあって（は）

日本語 / にほんご / Japanese
(1) 船は嵐にあって転覆した / 転覆しました。
(2) 写真家は夕立にあって、びしょ濡れになった / びしょ濡れになりました。
(3) 消防士たちは災難にあっても冷静だった / 冷静でした。
(4) 旅行中にあって、新聞記者はストレスの多い状況を経験した / 経験しました。
(5) どのような困難な状況にあっても、あきらめてはいけない / あきらめてはいけません。
(6) 情報が氾濫する時代にあって、必要なものを選択するのは難しい / 難しいです。

ことばと表現 / Words & Expressions
転覆する【てんぷくする】to capsize
夕立【ゆうだち】shower
びしょ濡れにする【びしょぬれにする】to drench
氾濫する【はんらんする】to overflow

英語 / えいご / English

(1) The ship capsized in the storm.

(2) The photographer was drenched in the shower.

(3) The fire fighters were calm in the face of disaster.、

(4) The journalist underwent a stressful situation during his travels.

(5) I must not give up under any circumstances.

(6) During this era of overflowing information, it can be really hard to select the necessary items.

ひらがな / Hiragana

(1) ふねは あらしにあって てんぷくした / てんぷくしました。

(2) しゃしんかは ゆうだちにあって、びしょぬれに なった / びしょぬれに なりました。

(3) しょうぼうしたちは さいなんにあっても れいせいだった / れいせいでした。

(4) りょこうちゅうにあって、しんぶんきしゃは すとれすの おおい じょうきょうを けいけんした / けいけんしました。

(5) どのような こんなんな じょうきょうにあっても、あきらめてはいけない / あきらめてはいけません。

(6) じょうほうが はんらんする じだいにあって、ひつようなものを せんたくするのは むずかしい / むずかしいです。

ローマ字 / Roman letters

(1) Fune wa arashi ni atte tenpuku shita/ tenpuku shimashita.

(2) Shashin ka wa yûdachi ni atte, bishonure ni natta/ bishonure ni narimashita.

(3) Shôbô shi tachi wa sainan ni atte mo reiseidatta/ reiseideshita.

(4) Ryokô chû ni atte, shinbun kisha wa sutoresu no ôi jôkyô o keiken shita/ keiken shimashita.

(5) Do no yôna kon'nan'na jôkyô ni atte mo, akiramete wa ikenai/ akiramete wa ikemasen.

(6) Jôhô ga hanran suru jidai ni atte, hitsuyôna mono o sentaku suru no wa muzukashî/ muzukashî desu.

にひきかえ (ni hikikae): in contrast to

Meaning:
in contrast to

Formation:
Verb-dictionary form + のにひきかえ
Noun + にひきかえ
Noun +（である）のにひきかえ
な adj + な / である + のにひきかえ

日本語 / にほんご / Japanese
(1) 去年にひきかえ、今年は暖かい　/　暖かいです。
(2) 昨日のひどい天気にひきかえ、今日は晴れている　/ 晴れています。
(3) 妻にひきかえ、夫は買い物を楽しんでいないようだった　/　楽しんでいないようでした。
(4) 独身時代にひきかえ、結婚して子供が生まれてから私はとても忙しい　/　忙しいです。
(5) 顔が怖そうに見えるのにひきかえ、彼の声は優しくおだやかだった　/　おだやかでした。
(6) 先月のスポーツ・シューズの売り上げが著しく伸びたのにひきかえ、スポーツ・ウェアの売り上げが落ち込んだ　/　落ち込みました。

ことばと表現 / Words & Expressions
独身時代【どくしんじだい】bachelor days
著しく【いちじるしく】considerably

英語 / えいご / English
(1) In contrast to last year, it's warm this year.
(2) In contrast to the bad weather yesterday, it's sunny today.
(3) In contrast to her, her husband didn't seem to be enjoying the shopping.
(4) In contrast to my bachelor days, I am very busy since I got married and a child was born.
(5) In contrast to his frightening looks, his voice was kind and calm.
(6) Last month sales of sports shoes expanded considerably, but in contrast, sports clothes sales dropped off.

ひらがな / Hiragana
(1) きょねんにひきかえ、ことしは　あたたかい　/　あたたかいです。
(2) きのうの　ひどい　てんきにひきかえ、きょうは　はれている　/　はれています。
(3) つまにひきかえ、おっとは　かいものを　たのしんでいない　ようだった　/　たのしんでいない　ようでした。
(4) どくしんじだいにひきかえ、けっこんして　こどもがうまれてから　わたしは　とてもいそがしい　/　いそがしいです。

(5) かおが　こわそうに　みえるのにひきかえ、かれの　こえは　やさしく　おだやかだった　/　おだやかでした。
(6) せんげつの　すぽーつ・しゅーずの　うりあげが　いちじるしく　のびたのにひきかえ、すぽーつ・うぇあの　うりあげが　おちこんだ　/　おちこみました。

ローマ字　/ Roman letters
(1) Kyonen ni hikikae, kotoshi wa atatakai/ atatakaidesu.
(2) Kinô no hidoi tenki ni hikikae, kyô wa harete iru/ harete imasu.
(3) Tsuma ni hikikae, otto wa kaimono o tanoshinde inai yô datta/ tanoshinde inai yô deshita.
(4) Dokushin jidai ni hikikae, kekkon shite kodomo ga umarete kara watashi wa totemo isogashî/ isogashî desu.
(5) Kao ga kowa-sô ni mieru no ni hikikae, kare no koe wa yasashiku odayaka datta/ odayaka deshita.
(6) Sengetsu no supôtsu shûzu no uriage ga ichijirushiku nobita no ni hikikae, supôts uea no uriage ga ochikon da/ ochikomi mashita.

に至るまで (ni itaru made): until, as far as

Meaning:
until; every detail; everything from A to B

Formation:
Noun + に至るまで

日本語 / にほんご / Japanese
(1) 今に至るまで不況は続いている / 続いています。
(2) 茶室に至るまでの空間を演出することが大切だ / 大切です。
(3) 係長の報告書は細部に至るまですべて完璧だった / 完璧でした。
(4) 私たちは対戦チーム・メンバーのことを一人一人の性格に至るまで徹底的に分析した / 分析しました。
(5) 彼の会社は、ニューヨークからシンガポールに至るまで、世界中に支部を持っている / 持っています。
(6) 秘書は起床から就寝に至るまでの社長の日課を詳しく説明した / 説明しました。

ことばと表現 / Words & Expressions
茶室【ちゃしつ】tea room
係長【かかりちょう】section head
日課【にっか】daily routine
起床【きしょう】getting up
就寝【しゅうしん】bedtime

英語 / えいご / English

(1) The depression has been continuing until now.
(2) It is important to entertain guests in the space filled by the pathway that leads to the tea room.
(3) Every detail of the section head's report was perfect.
(4) We analyzed the opponent team members thoroughly to the personality of each person.
(5) His company has branches all over the world, from Singapore to New York City.
(6) The secretary explained the daily routine of the president in detail from getting up to bedtime.

ひらがな / Hiragana

(1) いまにいたるまで ふきょうは つづいている / つづいています。
(2) ちゃしつにいたるまでの くうかんを えんしゅつすることが たいせつだ / たいせつです。
(3) かかりちょうの ほうこくしょは さいぶにいたるまで すべて かんぺきだった / かんぺきでした。
(4) わたしたちは たいせんちーむ・めんばーのことを ひとりひとりの せいかくにいたるまで てっていてきに ぶんせきした / ぶんせきしました。
(5) かれのかいしゃは、にゅーよーくから しんがぽーるにいたるまで、せかいじゅうに しぶを もっている / もっています。
(6) ひしょは きしょうから しゅうしんにいたるまでの

しゃちょうの にっかを くわしく せつめいした / せつめいしました。

ローマ字 / Roman letters

(1) Ima ni itaru made fukyô wa tsuzuite iru/ tsuzuite imasu.

(2) Chashitsu ni itaru made no kûkan o enshutsu suru koto ga taisetsu da/ taisetsu desu.

(3) Kakarichô no hôkoku-sho wa saibu ni itaru made subete kanpeki datta/ kanpeki deshita.

(4) Watashitachi wa taisen chîmu menbâ no koto o hitori hitori no seikaku ni itaru made tetteiteki ni bunseki shita/ bunseki shimashita.

(5) Kare no kaisha wa, nyûyôku kara shingapôru ni itaru made, sekaijû ni shibu o motte iru/ motte imasu.

(6) Hisho wa kishô kara shûshin ni itaru made no shachô no nikka o kuwashiku setsumei shita/ setsumei shimashita.

に至っては (ni itatte wa): as for, when it comes to

Meaning:
when it comes to; as for

Formation:
Noun + に至っては

日本語 / にほんご / Japanese
(1) 料理に至っては、妻は名人だ / 名人です。
(2) 育児に至っては夫は協力的だ / 協力的です。
(3) 食べ物に至っては、息子は好き嫌いがある / 好き嫌いがあります。
(4) 投資に至っては私は初心者だ / 初心者です。
(5) フットサルに至っては、チームワークが全てだ / 全てです。
(6) 高校の級友に至っては10名以上もイギリスに留学した / 留学しました。

ことばと表現 / Words & Expressions
協力的な【きょうりょくてきな】cooperative
好き嫌いがある【すききらいがある】fussy
初心者【しょしんしゃ】tenderfoot
級友【きゅうゆう】classmate

英語 / えいご / English

(1) When it comes to cooking, my wife is an expert.
(2) When it comes to raising the kids, my husband is cooperative.
(3) When it comes to food, my son is fussy.
(4) As for investing, I'm a tenderfoot.
(5) As for futsal, teamwork is everything.
(6) As to my classmates at my high school, more than 10 people went to England to study.

ひらがな / Hiragana

(1) りょうりにいたっては、つまは めいじんだ / めいじんです。
(2) いくじにいたっては おっとは きょうりょくてきだ / きょうりょくてきです。
(3) たべものにいたっては、むすこは すききらいがある / すききらいがあります。
(4) とうしにいたっては わたしは しょしんしゃだ / しょしんしゃです。
(5) ふっとさるにいたっては、ちーむわーくが すべてだ / すべてです。
(6) こうこうの きゅうゆうにいたっては じゅうめいいじょうも いぎりすに りゅうがくした / りゅうがくしました。

ローマ字 / Roman letters

(1) Ryôri ni itatte wa, tsuma wa meijin da/ meijin desu.

(2) Ikuji ni itatte wa otto wa kyôryoku teki da/ kyoryoku teki desu.

(3) Tabemono ni itatte wa, musuko wa sukikirai ga aru/ sukikirai ga arimasu.

(4) Tôshi ni itatte wa watashi wa shoshinsha da/ shoshinsha desu.

(5) Futtosaru ni itatte wa, chîmu wâku ga subete da/ subete desu.

(6) Kôkô no kyûyû ni itatte wa jyûmei ijô mo Igirisu ni ryûgaku shita/ ryûgaku shimashita.

に言わせれば (ni iwasereba): if you ask, if one may say

Meaning:
if you ask…; if one may say…

Formation:
Noun + に言わせれば

日本語 / にほんご / Japanese
(1) 私に言わせれば、彼女は物事にこだわる人だ　/　こだわる人です。
(2) 私に言わせれば、最高の日本料理は寿司だ　/　寿司です。
(3) 私に言わせれば、息子はとても成長した　/　成長しました。
(4) 姉は天才と言われているが、私に言わせれば、単なる努力家だ　/　努力家です。
(5) 私たちに言わせれば、彼は称賛に値する　/　値します。
(6) 私たちの世代の人間に言わせれば、あの若い人の行動は普通ではない　/　普通ではありません。

ことばと表現 / Words & Expressions
物事にこだわる【ものごとにこだわる】fussy
努力家【どりょくか】hard worker
称賛に値する【しょうさんにあたいする】deserving of praise

英語 / えいご / English

(1) If you ask me, she is a fussy person.
(2) If you ask me, I would say that the best Japanese food is sushi.
(3) If you ask me, my son really grew up.
(4) People often say my elder sister is a genius, but if you ask me, she's simply a hard worker.
(5) If you ask us, he is deserving of praise.
(6) If you ask anyone from our generation, they'll agree that that young person's actions are not normal.

ひらがな / Hiragana

(1) わたしにいわせれば、かのじょは　ものごとに　こだわるひとだ　/　こだわるひとです。
(2) わたしにいわせれば、さいこうの　にほんりょうりは　すしだ　/　すしです。
(3) わたしにいわせれば、むすこは　とても　せいちょうした　/　せいちょうしました。
(4) あねは　てんさいと　いわれているが、わたしにいわせれば、たんなる　どりょくかだ　/　どりょくかです。
(5) わたしたちにいわせれば、かれは　しょうさんに　あたいする　/　あたいします。
(6) わたしたちの　せだいの　にんげんにいわせれば、あのわかいひとの　こうどうは　ふつうではない　/　ふつうではありません。

ローマ字　/ Roman letters

(1) Watashi ni iwa sereba, kanojo wa monogoto ni kodawaru hitoda/ kodawaru hitodesu.

(2) Watashi ni iwa sereba, saikô no nihon ryôri wa sushi da/ sushi desu.

(3) Watashi ni iwa sereba, musuko wa totemo seichô shita/ seichô shimashita.

(4) Ane wa tensai to iwa rete iruga, watashi ni iwa sereba, tan naru doryoku ka da/ doryoku ka desu.

(5) Watashitachi ni iwa sereba, kare wa shôsan ni atai suru/ atai shimasu.

(6) Watashitachi no sedai no ningen ni iwa sereba, ano wakai hito no kôdô wa futsû dewanai/ futsûde wa arimasen.

にかかっている (ni kakatte iru): to depend on

Meaning:
to depend on

Formation:
Noun + にかかっている
Phrase + にかかっている

日本語 / にほんご / Japanese
(1) 私たちの成功は君の努力にかかっている / 努力にかかっています。
(2) 試合の結果は彼の働きにかかっている / 働きにかかっています。
(3) 私たちの明日の予定は、天候にかかっている / 天候にかかっています。
(4) 私たちの会社の運命は、新しい社長の手腕にかかっている / 手腕にかかっています。
(5) 人質の運命はその交渉の結果にかかっている / 結果にかかっています。
(6) この国が将来、繁栄するかどうかは、現在の若者にかかっている / 若者にかかっています。

ことばと表現 / Words & Expressions
働き【はたらき】performance
手腕【しゅわん】capability
人質【ひとじち】hostage
繁栄する【はんえいする】become prosperous

英語 / えいご / English
(1) Our success depends on your efforts.
(2) The game's outcome hangs on his performance.
(3) Our plans for tomorrow depend on the weather.
(4) The fate of our company depends on the capability of the new president.
(5) The fate of the hostages depends on the result of the negotiation.
(6) Whether this country will become prosperous in the future depends on the current young people.

ひらがな / Hiragana
(1) わたしたちの　せいこうは　きみの　どりょくにかかっている　/　どりょくにかかっています。
(2) しあいの　けっかは　かれの　はたらきにかかっている　/　はたらきにかかっています。
(3) わたしたちの　あしたのよていは、てんこうにかかっている　/　てんこうにかかっています。

(4) わたしたちの　かいしゃの　うんめいは、あたらしい　しゃちょうの　しゅわんにかかっている　/　しゅわんにかかっています。

(5) ひとじちの　うんめいは　そのこうしょうの　けっかにかかっている　/　けっかにかかっています。

(6) このくにが　しょうらい、はんするかどうかは、げんざいの　わかものにかかっている　/　わかものにかかっています。

ローマ字　/ Roman letters

(1) Watashitachi no seikô wa kimi no doryoku ni kakatte iru/ doryoku ni kakatte imasu.

(2) Shiai no kekka wa kare no hataraki ni kakatte iru/ hataraki ni kakatte imasu.

(3) Watashitachi no ashita no yotei wa, tenkou ni kakatte iru/ tenkou ni kakatte imasu.

(4) Watashitachi no kaisha no unmei wa, atarashî shachô no shuwan ni kakatte iru/ shuwan ni kakatte imasu.

(5) Hitojichi no unmei wa sono kôshô no kekka ni kakatte iru/ kekka ni kakatte imasu.

(6) Kono kuni ga shourai, han'ei suru ka dôka wa, genzai no wakamono ni kakatte iru/ wakamono ni kakatte imasu.

にかたくない (ni katakunai): it's not hard to

Meaning:
it's not hard to

Formation:
Verb-dictionary form + にかたくない / に難くない
Noun + にかたくない

日本語 / にほんご / Japanese
(1) 弟が心配していることは想像するにかたくない　/ 想像するにかたくありません。
(2) 将来、インドがアジア経済の中心になることは想像するにかたくない　/　想像するにかたくありません。
(3) 母の喜びは、察するにかたくない　/　察するにかたくありません。
(4) 愛する人を失った叔母の悲しみは察するに難くない　/　察するに難くありません。
(5) 彼らが離婚したことは想像に難くない　/　想像に難くありません。
(6) 彼が朝起きるのが苦手なことは想像に難くない　/　想像に難くありません。

ことばと表現 / Words & Expressions
中心【ちゅうしん】center
察する【さっする】to guess

英語 / えいご / English

(1) It is not hard to imagine my younger brother is worried.
(2) It is not hard to imagine that India will become the center of the Asian economy in the future.
(3) It is not hard to guess how happy my mother is.
(4) It's not hard to guess how sad my aunt is for losing her loved one.
(5) I'm not surprised to hear that they got divorced.
(6) It's not hard to imagine that he has trouble waking up in the morning.

ひらがな / Hiragana

(1) おとうとが　しんぱいしていることは　そうぞうするにかたくない　/　そうぞうするにかたくくありません。
(2) しょうらい、いんどが　あじあけいざいの　ちゅうしんに　なることは　そうぞうするにかたくない　/　そうぞうするにかたくくありません。
(3) ははの　よろこびは、さっするにかたくない　/　さっするにかたくありません。
(4) あいするひとを　うしなった　おばの　かなしみは　さっするにかたくない　/　さっするにかたくありません。
(5) かれらが　りこんしたことは　そうぞうにかたくない　/　そうぞうにかたくありません。
(6) かれが　あさ　おきるのが　にがてなことは　そうぞうにかたくない　/　そうぞうにかたくありません。

ローマ字 / Roman letters

(1) Otôto ga shinpai shite iru koto wa sôzô suru ni kataku nai/ sôzô suru ni kataku arimasen.

(2) Shôrai, Indo ga Ajia keizai no chûshin ni naru koto wa sôzô suru ni katakunai/ sôzô suru ni kata ku arimasen.

(3) Haha no yorokobi wa, sassuru ni katakunai/ sassuru ni kataku arimasen.

(4) Aisuru hito o ushinatta oba no kanashimi wa sassuru ni katakunai/ sassuru ni kataku arimasen.

(5) Karera ga rikon shita koto wa sôzô ni katakunai/ sôzô ni kataku arimasen.

(6) Kare ga asa okiru no ga nigatena koto wa sôzô ni katakunai/ sôzô ni kataku arimasen.

にまつわる (ni matsuwaru): to be related to

Meaning:
to be related to

Formation:
Noun + にまつわる

日本語 / にほんご / Japanese
(1) 私は広告にまつわる仕事がしたい　/　したいです。
(2) 私はファッションにまつわる事柄が好きだ　/　好きです。
(3) 私は食事にまつわる本を読んだ　/　読みました。
(4) 黒猫にまつわる迷信はたくさんある　/　あります。
(5) 家康のけちにまつわる逸話はたくさんある　/　あります。
(6) エイブラハム・リンカーンの勤勉さにまつわるエピソードはたくさんある　/　あります。

ことばと表現 / Words & Expressions
迷信【めいしん】superstition
けち【–】stinginess
逸話【いつわ】anecdote
勤勉さ【きんべんさ】diligence

英語 / えいご / English

(1) I would like to work in a job related to the advertisement.

(2) I like everything that is related to fashion.

(3) I read a book related to meals.

(4) There are a lot of superstitions attached to black cats.

(5) There are many anecdotes related to Ieyasu's stinginess.

(6) There are many episodes relating to the diligence of Abraham Lincoln.

ひらがな / Hiragana

(1) わたしは　こうこくにまつわる　しごとがしたい　/ したいです。

(2) わたしは　ふぁっしょんにまつわる　ことがらがすきだ　/　すきです。

(3) わたしは　しょくじにまつわる　ほんを　よんだ　/ よみました。

(4) くろねこにまつわる　めいしんは　たくさんある　/ あります。

(5) いえやすの　けちにまつわる　いつわは　たくさんある　/　あります。

(6) えいぶらはむ・りんかーんの　きんべんさにまつわる　えぴそーどは　たくさんある　/　あります。

ローマ字 / Roman letters

(1) Watashi wa kôkoku ni matsuwaru shigoto ga shitai/ shitaidesu.

(2) Watashi wa fasshon ni matsuwaru kotogara ga suki da/ suki desu.

(3) Watashi wa shokuji ni matsuwaru hon o yonda/ yomimashita.

(4) Kuro neko ni matsuwaru meishin wa takusan aru/ arimasu.

(5) Ieyasu no kechi ni matsuwaru itsuwa wa takusan aru/ arimasu.

(6) Eiburahamu rinkân no kinben-sa ni matsuwaru episôdo wa takusan aru/ arimasu.

にもほどがある (nimo hodo ga aru): to have a limit, to go too far

Meaning:
to have a limit; to go too far

Formation:
Verb-dictionary form + にもほどがある
Noun + にもほどがある
い adj + にもほどがある
な adj + にもほどがある

日本語 / にほんご / Japanese
(1) あなたは失礼にもほどがある　/　ほどがあります。
(2) 私の我慢にもほどがある　/　ほどがあります。
(3) あなたはずうずうしいにもほどがある　/　ほどがあります。
(4) 妹は世間を知らないにもほどがある　/　ほどがあります。
(5) 途中で仕事を投げ出すなんて、無責任にもほどがある　/　ほどがあります。
(6) あなたは仕事をためすぎだ。怠けるにもほどがある　/　ほどがあります。

ことばと表現 / Words & Expressions
失礼な【しつれいな】rude
我慢【がまん】patience
ずうずうしい【ずうずうしい】shameless
無責任な【むせきにんな】irresponsible

英語 / えいご / English
(1) How rude you are!
(2) There's a limit to my patience.
(3) How shameless you are!
(4) How little my younger sister knows the world!
(5) You can't just give up on a job halfway through. There's a limit to how irresponsible you can be.
(6) You have too much work piled up. There's a limit to how lazy you can be.

ひらがな / Hiragana
(1) あなたは　しつれいにもほどがある　/　ほどがあります。
(2) わたしの　がまんにもほどがある　/　ほどがあります。
(3) あなたは　ずうずうしいにもほどがある　/　ほどがあります。
(4) いもうとは　せけんを　しらないにもほどがある　/　ほどがあります。

(5) とちゅうで　しごとを　なげだすなんて、むせきにんにもほどがある　/　ほどがあります。

(6) あなたは　しごとをためすぎだ。なまけるにもほどがある　/　ほどがあります。

ローマ字　/ Roman letters

(1) Anata wa shitsurei ni mo hodo ga aru/ hodo ga arimasu.

(2) Watashi no gaman ni mo hodo ga aru/ hodo ga arimasu.

(3) Anata wa zûzûshî ni mo hodo ga aru/ hodo ga arimasu.

(4) Imôto wa seken o shiranai ni mo hodo ga aru/ hodo ga arimasu.

(5) Tochû de shigoto o nagedasu nante, musekinin ni mo hodo ga aru/ hodo ga arimasu.

(6) Anata wa shigoto o tame sugida. Namakeru ni mo hodo ga aru/ hodo ga arimasu.

■ A simple way to build vocabulary in a foreign language through the Read-Aloud Method

What can you do to build your vocabulary in your target foreign language? I would like to introduce one of my methods to build vocabulary effectively.

Some people use word books, flash cards, and smartphone applications to build vocabulary. I have tried such methods during junior high school days.

However, I concluded that those methods were inefficient, and I have stopped using them. I am always interested in how words and expressions that I try to remember are used in a specific context. If I remember words and expressions without context, I will not be able to use the words and expressions with confidence in communicating with others (not only speaking but also writing). That's why I do not like to remember words and expressions without context.

For example, I heard the word "to boost" for the first time in my workplace. My coworker said that we needed strategies to boost our app downloads. Since I worked for a company that provided apps for consumers at that time, it was not difficult for me to imagine that to boost something means "to increase" or "to improve" something.

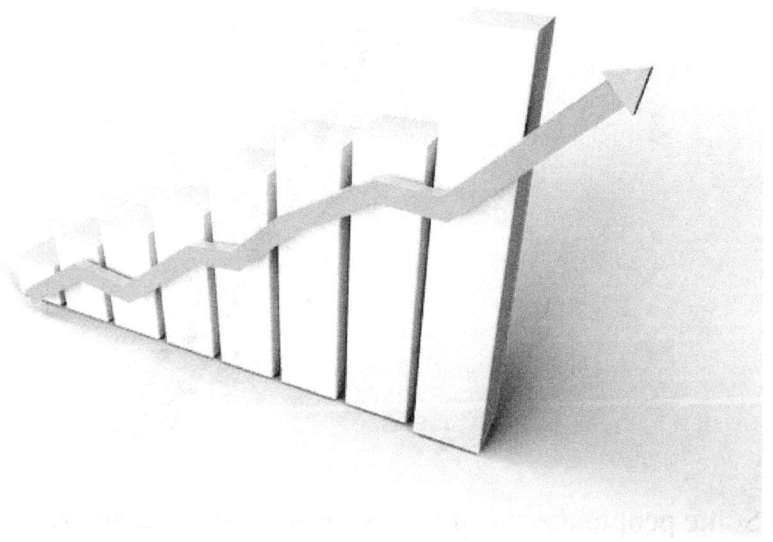

After that, I began to wonder if I could use this expression with language skills and memorization techniques. After checking several articles related to language skills, I found many writers used "to boost" with language skills or memorizing. Since then I have been using the expression in actual conversation including in my Japanese lessons. For instance, "You can boost your Japanese communications skills with this method!"

Memorizing Words and Expressions in Context

I always try to remember new words and expressions by reading short articles and stories. This helps me remember not only new words and expressions but also how to make sure they are used in a specific context and fit together with other words and expressions. As a result of this method, you can confidently use words and expressions you acquired without hesitation in real situations. This is a very important point, especially when speaking a foreign language. If you try to figure out whether words and expressions are suitable or not while speaking, it will be difficult for you to continue a conversation smoothly.

There are multiple advantages to remembering new words and expressions through articles and stories. Unlike computers, human beings are not good at memorizing things just through mechanical input without any ingenuity. On the other hand, we are good at memorizing information linked to a specific context.

Context shapes the meaning in all communication. Content is a narrative. Most of our ways of understanding the world are narratives of one form or another. They help us remember new words and expressions we're trying to learn. Because understanding and memory are intertwined we shouldn't be surprised that they are also very powerful mnemonic devices.

Learning method

My learning method is not complicated at all. You just need to read out loud (not silently!) articles or short stories that contain the words and expressions you want to acquire while thinking of the meaning of the words, sentences, and paragraphs.

When reading out loud, we form auditory links in our memory pathways. We remember ourselves saying it out loud, and so we not only form visuals, but we also form auditory links. Reading out loud causes us to remember better.

Time your reading and record the date and time

Time your reading with a stopwatch or a clock. Read each sentence out loud while trying to understand it. Record the date you read the text, and time how long it took you to finish reading the material from beginning to end.

When you start working on new content, you will notice that the time required to finish reading gets shorter and shorter each time you read it aloud. It means you have become faster at reading. Reading aloud over time will speed up your brain's ability to recognize and understand expressions, sentences, and the whole content. With this method, you can see the growth quantitatively and objectively. This will give you motivation to keep up your studies.

Vocabulary Building through Read-Aloud Method

1. Pick a reading material such as a newspaper article or a short story.

2. Time your reading with a stopwatch or a clock.

3. Read each sentence out loud and try to understand as you read.

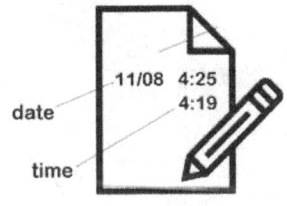
4. Record the date and time how long it took you to finish reading the material from the beginning to the end.

Though it might feel tedious to do this over and over, timing your reading makes you notice even small changes in your growth. For example, you may feel that you are able to read some content very quickly. The reason why I always record the date is so that I can see how long ago I read that piece. For example, when I pick a piece to read, and I can see the date I last read it, I might think, "Oh, I haven't read this content in a few months. Let's refresh my memory which I might have lost…" The date tells you the timing when you need to refresh the memory.

How to pick content (articles or stories)

Regarding content, I consider it best to choose pieces that you can finish reading within 5 minutes or less. In my case, I find it a bit difficult to concentrate over 8 minutes. However, what should we do with long content that takes more than 5 minutes to read? If you finish reading the content within 7 minutes on the first round, you could shorten the time within 5 minutes after reading it out loud several times. On the other hand, if it took more than 8 minutes, it seems difficult to shorten it within 5 minutes. In that case, please divide the text into two, the first half and the second half. For example, there are long articles that take about more than 20 minutes to finish reading in total; I divide them into four parts.

Increasing the number of pieces to read aloud

When you read one piece 15 times or more, you will be able to understand not only its surface meaning but also its themes and deeper meanings as well as visualize it more specifically. Of course, I'm sure that you will remember the words and expressions used in it during the entire reading process. Once you feel you fully understood the piece and remembered the words and expressions, it is time for you to add new content to increase your vocabulary.

After reading aloud the new content many times, please go back to previous content and read that aloud again to refresh your memory of words and expressions that you might have forgotten. If you repeat this process, you can keep words and expressions in a fresh state, and they become committed to long-term memory. As a result, you will be able to use them whenever you need them.

I hope this is useful for you.

■ Free Report available

How to Speak Japanese:
The Faster Way to Learn Japanese

This report is written for the following types of Japanese learners:

• Japanese learners who are new to learning Japanese and want to learn Japanese not only to understand but also to speak it.

• Japanese learners who have a good knowledge of Japanese vocabulary, grammar and can read, but find it difficult to speak.

■ Online Japanese Lesson

If you are interested in author's Japanese lessons you can book it in the following URL:

https://www.italki.com/teacher/2757272

This is an online lesson on a one-on-one basis for practicing Japanese with the Sentence Pattern Method and the Read-aloud Method.

■ Send Us Your Feedback

Your feedback is highly appreciated and will help us to improve our books.

Please send your opinions and feedback to the following address.

akuzawa@gmail.com

■ Send Us Your Feedback

Your feedback is highly appreciated and will help us to improve our books.

Please send your opinions and feedback to the following the author'address.

akuzawa@gmail.com

Made in the USA
Monee, IL
27 October 2024